Tomas Sjödin

Wenn Stille eine Sprache wäre

Wie wir die Verbindung mit unserem Schöpfer wiederfinden

TOMAS SJÖDIN

WENN STILLE EINE SPRACHE WÄRE

~

Wie wir die Verbindung mit unserem Schöpfer wiederfinden

Aus dem Schwedischen von Hanna Schott

SCM
R.Brockhaus

SCM

Stiftung Christliche Medien

SCM R.Brockhaus ist ein Imprint der SCM Verlagsgruppe, die zur Stiftung Christliche Medien gehört, einer gemeinnützigen Stiftung, die sich für die Förderung und Verbreitung christlicher Bücher, Zeitschriften, Filme und Musik einsetzt.

MIX
Papier aus verantwortungsvollen Quellen
FSC® C014496
www.fsc.org

SCM Verlagsgruppe GmbH · Max-Eyth-Straße 41 · 71088 Holzgerlingen
Internet: www.scm-brockhaus.de; E-Mail: info@scm-brockhaus.de

Originally published in Swedish under the title: Ljudet av tystnad
by Libris bokförlag, Stockholm, Sweden

Übersetzung: Hanna Schott
Umschlaggestaltung: Kathrin Spiegelberg, www.spika-design.de
Titelbild: © shutterstock, Irtsya
Autorenfoto: © Rickard Liljero Eriksson
Satz: typoscript GmbH, Walddorfhäslach
Druck und Bindung: GGP Media GmbH, Pößneck
Gedruckt in Deutschland
ISBN 978-3-417-00002-3
Bestell-Nr. 227.000.002

Inhalt

1

Ich schreibe aus einem unruhigen, lauten Leben

Ich war ein mitteilsames Kind. Ich bin ein mitteilsamer Erwachsener, und das werde ich wohl auch bleiben. Das Spiel, das ich als Kind am wenigsten mochte, war das »Stille-Spiel«: Man musste einander in der Kunst des Schweigens übertreffen, indem man den anderen durch Grimassen und Gesten dazu brachte, die Kontrolle zu verlieren und loszulachen. Ein chronischer Redner wie ich war also zum Scheitern verurteilt, bevor das Spiel überhaupt angefangen hatte.

Wenn meine Eltern vom Elternabend in der Schule kamen, hatten sie jedes Mal dasselbe zu berichten: Die Lehrer hatten gesagt, dass ich ein freundlicher, aber unglaublich redseliger Junge sei und dass ich mich an diesem Punkt bessern müsse. Doch es wurde nie besser.

Wenn ich von der Schule nach Hause kam, konnte ich noch nicht mal in Ruhe zur Toilette gehen. Ich hatte meiner Mutter so viel zu erzählen, dass sie draußen vor der Badezimmertür stehen und mir zuhören musste. Sie besaß eine Engelsgeduld und stand dort tatsächlich, bis ich herauskam, um meine detaillierten Schilderungen in der Küche fortzusetzen. Und so ist es geblieben. Im Grunde bis heute.

Ich schreibe aus einem unruhigen, lauten Leben. Ich mag einen gewissen Geräuschpegel, rede, wie gesagt, gern und viel, höre fast ständig Musik, pfeife oder summe vor mich hin, während ich praktische Arbeiten mache, und außerdem höre ich beim Einschlafen gern den leisen Klang des Radios, das auf dem Nachttisch steht. Ich habe einen Beruf, zu dem es gehört, dass ich von morgens bis abends von Menschen umgeben bin, dass mehrere Telefone klingeln und ich so viele Mails bekomme, dass ich kaum auf alle antworten kann.

Das ist das Leben, wie ich es im Grunde liebe. Aber auch das, was man liebt, droht einen aufzureiben, wenn man sich ständig von äußeren Notwendigkeiten und von Erwartungen vorantreiben lässt – den eigenen und denen der anderen.

Vielleicht qualifiziert mich ja gerade dies dafür, ein Buch über die Stille zu schreiben: dass ich für die spreche, für die es meist gar kein Problem ist, von Menschen, Musik, Stimmen und Unruhe umgeben zu sein. Aus dieser Position kann ich zu erklären versuchen, was in einem Leben allein dadurch geschehen kann, dass man bewusst einen Moment akustischer Abgeschiedenheit wählt, und zwar jeden Tag. Das ist mein Anliegen. Vielleicht ist mein eigenes lärmiges Leben ja eine Voraussetzung dafür, über Stille schreiben zu können. Über Stille als ein wichtiges Element bei der Wiederherstellung eines verborgenen inneren Lebens, das sich durch Tiefe, Stabilität und – nicht weniger wichtig – stille Wunder auszeichnet.

Die große Frage, die die Stille uns stellt, ist nicht die Frage nach dem, was ich lieber überhören würde, sondern nach dem, was zu hören ich mich sehne. Wenn man die Stille wählt, fügt man dem Leben nicht etwas hinzu. Man verzichtet nur darauf, einen kleinen Zeitraum mit irgendetwas zu füllen. Man lässt ihn leer, sodass er von etwas anderem gefüllt werden kann. Nichts, was man selbst beiträgt oder was andere beitragen, sondern etwas, das auf einen zukommt wie eine Ahnung aus einer anderen Welt, einer Welt, in der die Zeit nicht vorbeirauscht, einer Welt, in der man sein eigenes Herz schlagen hören und seine eigene Sehnsucht wahrnehmen kann und in der es möglich ist, Nuancen zu erspüren. Nuancen, die einen den Unterschied zwischen Gold und billigem Plunder erkennen lassen. Denn wenn man eine Weile auf diese vermeintliche Leere hört, entdeckt man nach und nach, dass da ein Rhythmus ist und eine Melodie. Und, ich meine, auch eine nachhaltigere Art zu leben.

Die große Frage, die die Stille uns stellt, fragt nach dem, was zu hören ich mich sehne.

Stille ist das Luxusgut der Zukunft. Wenn ich Menschen frage, wonach sie sich am meisten sehnen, höre ich immer öfter die Antworten: »Dinge in aller Ruhe tun können«, »Stille« und »Schweigen«. Ich selbst gehöre auch zu dieser Gruppe, deshalb dieses Buch. Ich schreibe, wie gesagt, aus einem brausenden Leben, aber es ist ein Leben, das jetzt seine feste Verankerung in der Stille hat. Über dieses Vertäutsein in der Stille schreibe ich.

Es geht mir nicht darum, von einem brausenden Leben in ein anderes, stilleres Leben zu fliehen. Aber ich brauche einen Heimathafen, einen Platz, an dem ich anlegen kann, eben das Vertäutsein in der Stille. Einen Ort, an dem ich – eine kleine Weile an jedem Tag, etwas länger irgendwann im Lauf der Woche oder mehrere zusammenhängende Tage irgendwann im Laufe des Jahres – das Schwätzen hinter mir lassen kann, klingelnde Telefone, alle Menschen, die irgendwas von mir wollen, und all die Nachrichten, die ständig auf mich einströmen.

Ich glaube, dass Stille die vergessene oder vernachlässigte Kraft ist, die uns zu einem Leben zurückleiten kann, in dem wir sowohl Wurzeln als auch Flügel besitzen. Wenn man die Stille einlädt, entscheidet man sich auch gegen etwas, entzieht man sich. Es ist, als würde man einen Freiraum schaffen, eine Lichtung, und wenn das gelungen ist, geht es darum, ihn mit gar nichts zu füllen. Jedenfalls nicht gleich. Ehe man sich so etwas wie einem Tun nähert, muss man sich mit der Stille anfreunden. Die Stille ist wie ein scheuer Vogel. Man muss sich ihm vorsichtig nähern.

Die meisten von uns wissen ja, dass Stille herrlich und kraftspendend sein kann, aber die wenigsten leisten sich diesen Genuss. Warum eigentlich? Vielleicht scheuen wir die Stille, weil wir sie als befremdlich erlebt haben, vielleicht sogar als erschreckend? So ging es mir jedenfalls, bis das geschah, was mein Denken veränderte.

Weil ich zu den meisten Ereignissen in meinem Leben anhand von Kindern und Büchern zurückrechne, weiß ich genau, wann das war. Es war bei den Vorarbeiten zu meinem Buch *Ett brustet Halleluja* (»Ein gebrochenes Halleluja«), das 2009 erschien. Ich saß damals oft in der Göteborger Stadtbibliothek, und an dem Tag, an dem es geschah, war ich gerade dabei, ein Kapitel zu schreiben, in dem es um den »Ton« eines Menschen gehen sollte. Nicht um das, was er sagt, sondern um das, was wir anderen hören, was um diesen Menschen herum »tönt«.

Ich las über das Verhältnis von (leerem) Raum und Klang und landete – ich kann gar nicht mehr sagen, wie genau – bei einem musikwissenschaftlichen Buch, nach dem ich im Leben nicht gesucht hätte. Aber da ich dem Zufall nun mal misstraue, gehe ich davon aus, es war nicht ohne Bedeutung, dass ich mich auf die große Treppe setzte und ein bisschen zerstreut in *Ton och tystnad* (»Ton und Stille«) von Per-Anders Hellqvist blätterte und dort auf ein kurzes Zitat stieß, das meinen Blick auf die Stille veränderte.

Heute glaube ich: Wenn irgendjemand Stille nötig hat, dann sind es die geselligen Typen.

Ich hatte mich gegen diesen Blick gewehrt, mir eingeredet, dass ich nun mal ein geselliger Mensch sei, der die

Energie und die wegweisenden Ideen, die er braucht, im Austausch mit anderen und im Gespräch bekommt. Stille und Schweigen waren etwas für Menschen, die anders ticken als ich. Das glaube ich jetzt nicht mehr. Heute glaube ich: Wenn irgendjemand Stille nötig hat, dann sind es die geselligen Typen.

Jetzt aber zum Zitat von Per-Anders Hellqvist: »Die Stille ist keine [akustische] Nulllinie. Sie ist inhaltsreich. Es ist, als würde eine dicke Wolldecke von unserer akustischen Umwelt genommen: Wir werden uns des Ungeahnten bewusst, der Reiche und Gebiete, die sich darunter befinden, so wie der Taucher den Wundern des Meeresbodens begegnet.«

Hellqvists Bild scheint wie einem Reisekatalog der *Seelenreisen GmbH* entnommen. Ich glaube, ich habe den kurzen Text hundertmal gelesen, ihn in unzähligen Zusammenhängen zitiert, und immer noch übt er einen gewissen Sog auf mich aus, den ich nicht richtig erklären kann. Vielleicht bin ich einfach einer von denen, die sich intuitiv in »Unterwasserseminaren« zum Geheimnis des Meeresbodens selbst erkennen.

Das Bild macht Lust auf mehr. Die Stille ist nicht wie ein leerer, kalter Raum, in dem ich sitzen und ein besserer Mensch werden soll. Sie ist eher wie das Eintauchen in ein Element, in dem es von Leben wimmelt, von Vielfalt und Schönheit. Es geht darum, unter die Oberfläche unseres Daseins zu gelangen. Einzutauchen in die große, sich weit ausstreckende Stille kann in uns schlummernde Erinnerungen wecken, uns öffnen für die Möglichkeit, dass wir eine

Goldader entdecken, die durch unser Leben verläuft, die Möglichkeit, dass in uns etwas Großes ruht, etwas, das ohne die Stille nicht zum Leben erweckt würde. Man muss es aber wagen einzutauchen. Die Herausforderung besteht darin, die Füße von der scheinbar sicheren Brücke zu lösen und durch die (Wasser-)Oberfläche hindurchzuspringen, hinab in die andere Welt, die dort auf uns wartet.

Dieser Text meinte mich, damals und auch heute noch. Ich begriff, was mir fehlte. Dass ich, ein Mann etwas jenseits der Lebensmitte, des Geschnatters müde, mich nach einem geheimen Ort sehnte, irgendwo tief drinnen in dem Leben, das ich liebte, das aber auch akustisch überfrachtet war. Ich begann zu ahnen, dass es einen Unterschied zwischen Stille und Leere gibt. Dass in der Stille eine Fülle zu finden ist, die das Leben mit einer neuen Qualität aufladen kann. Ich fing an zu begreifen, dass in der Stille eine Energie steckt, die das ganze übrige Leben mit Sauerstoff versorgen kann. Niemand muss mich darüber aufklären, dass es auch eine Stille gibt, die nur sehr schwer zu ertragen ist, die alles andere ist als eine korallenreiche Unterwasserwelt. Eine Stille, die vertuscht und erstickt. Die Verweigerung von Kommunikation, das strafende Schweigen.

Ich begann zu ahnen, dass es einen Unterschied zwischen Stille und Leere gibt.

Es braucht mir auch keiner zu erzählen, dass die Stille manchmal schmerzhafte Erinnerungen wecken kann. Erinnerungen an Dinge, die wir lieber nie erlebt hätten, und an

Menschen, mit denen wir uns hätten aussprechen sollen – was wir aber nie getan haben. Erinnerungen an Stimmen, die zu früh erstickt wurden, und Lieder, die ungesungen blieben.

Und dennoch möchte ich mit einer an Beschränktheit grenzenden Starrköpfigkeit wiederholen, dass die Stille heilsam und heilvoll und einfach ganz, ganz wunderbar sein kann.

Ich schreibe dieses Buch aus meiner eigenen Sehnsucht heraus, aber auch als eine Art Tagebuch, das von einer Fährte erzählt, der ich in den letzten gut zehn Jahren gefolgt bin und die mich in eine Landschaft geführt hat, von der ich wünschte, ich hätte sie schon entdeckt, als ich noch jung war. Eine Art Reisebericht, könnte man vielleicht sagen. Vielleicht hätte ich einige klügere Entscheidungen gefällt, wenn ich damals gewusst hätte, was ich heute weiß? Vielleicht hätte ich mir einige Schmerzen erspart. Oder anderen Menschen Schmerzen erspart. Aber das ist jetzt nicht das Wichtigste. Das Wichtigste ist die Einsicht, dass es nie zu spät ist und dass der Weg zur »Vertäuung in der Stille« nicht weit ist. Er verläuft vor meiner Tür.

2

The Silent Killer

Zu Beginn des 18. Jahrhunderts und bis weit ins 19. Jahrhundert hinein wurden Kanarienvögel von britischen Bergleuten als eine Art Lebensversicherung benutzt. Die Grubenarbeiter schufteten unter extrem harten Bedingungen. Der Austritt von Kohlenmonoxid und der Ausbruch von Bränden waren eine ständige Bedrohung. Das heimtückische Gas war farb- und geruchlos und wurde deshalb *The Silent Killer* genannt. Wer eine Kohlenmonoxid-Vergiftung erlitt, starb entweder durch Ersticken oder erlitt schwere neurologische Schäden.

Man entdeckte, dass die Lungen von Kanarienvögeln, die empfindlicher sind als die von Menschen, auf das unsichtbare Gas schnell reagierten und sich deshalb als Frühwarnsystem eigneten. Die Bergleute nahmen also Käfige mit Kanarienvögeln mit hinunter in den Stollen, und wenn die Vögel sich aufplusterten, zu singen aufhörten oder gar tot umfielen, wussten die Arbeiter, dass sie sich schnell hinauf an die frische Luft begeben mussten.

Ich gehe das Risiko ein, wie ein Untergangsprophet zu klingen, wenn ich behaupte, dass der Kanarienvogel drauf und dran ist, das Singen einzustellen oder alarmistisch zu wirken, wenn ich auf eines unserer ernstesten Umweltprobleme hinweise, nämlich die Lärmverschmutzung. Die stillen Plätze auf unserem Planeten sind bald nur noch eine Erinnerung. Die Stille gehört auf die Rote Liste der bedrohten Arten, und wir riskieren gerade, einige verhängnisvolle Entscheidungen zu fällen, bei denen es um die Zukunft unserer Erde geht.

Es gibt eine kurze Passage in C. S. Lewis' Meisterwerk *Dienstanweisung für einen Unterteufel*, einem seiner bestverkauften Bücher und dem, das schon bei seinem Erscheinen als eine Art Kanarienvogel verstanden wurde. (Der Untertitel der schwedischen Ausgabe heißt dementsprechend: *Anweisung, um eine Seele auf die beste Art in Versuchung zu führen.*)

Die stillen Plätze auf unserem Planeten sind bald nur noch eine Erinnerung.

Screwtape ist ein erfahrener Teufel. Sein Neffe Wormwood steht erst am Anfang seiner dämonischen Karriere und hat den Auftrag bekommen, einen jungen Mann zu umgarnen, damit der die »richtige«, also die böse Richtung einschlägt.

In diesem Brief erzählt Screwtape von einem Haus, das so vollständig von einem tödlichen Geruch erfüllt ist, dass sogar der Gärtner ihn verbreitet, der doch erst fünf Jahre im Hause dient. »Selbst Gäste, die nur für ein Wochenende bleiben, nehmen etwas von dem Geruch mit. Der Hund und die Katze sind davon besudelt«, schreibt Onkel Screwtape, und weiter: »Das ganze Haus ... hat eine Übelkeit erregende Ähnlichkeit mit dem Himmel, wie er von einem menschlichen Schriftsteller beschrieben wurde: ›... die Regionen, wo es nur Leben gibt und darum alles, was nicht Musik ist, Stille ist.‹«

»Musik und Stille – wie ich sie beide verabscheue«, schreibt Screwtape und erklärt dem jungen Dämonen-Adepten, wie der Vater der Finsternis seinen Einzug in die Hölle hielt – und mit ihm der Lärm. »Lärm, die große Dynamik! Der hörbare Ausdruck alles Übermütigen, Rücksichtslosen, Männlichen – Lärm, der allein uns vor törichten Gewissensbissen, verzweifelten Skrupeln und unerfüllbaren Wünschen bewahrt.«[1]

C. S. Lewis' Vorhersage ist längst eingetroffen. Es gibt Verzeichnisse der stillen Plätze unserer Erde – also jener Orte, an denen man dem Lärm und den Geräuschen entkommen kann, die wir selbst verursachen. Sie zeigen, dass ihre Zahl in einem rasenden Tempo abnimmt. Diese Entwicklung ist genauso besorgniserregend wie die der Treibhausgase, der Überdüngung und die globale Klimaerwärmung, und vielleicht hat uns der Lärm sogar so sehr betäubt, dass wir darüber die Ausbeutung der Welt zugelassen haben. Ohne Stille gehen wir verloren. Wenn die Seele nicht lebt, wenn ihr also eine sichere Verankerung und eine große Freiheit fehlen, dann ist die Zukunft der Erde bedroht. Und damit auch wir selbst.

Weisheit ist etwas anderes als Wissen. Weisheit fragt nach dem Warum, Wann und Wie und kennt die jeweils richtige Abfolge dieser Punkte. Es geht darum, das Richtige im richtigen Moment zu sagen, nichts zu sagen, wenn es nichts zu sagen gibt, die Dinge abzuwägen und den Weg zu wählen, der am wenigsten Schaden anrichtet. Das sind Fähigkeiten, die aus einer inneren Sammlung erwachsen und in denen Erfahrung, Wissen und Mitgefühl zusammenkommen. Was auf diese Weise entsteht, ist die schöne Frucht, die wir Weisheit nennen. Regelmäßig Stille zu suchen, sich mit ihr anzufreunden, das ist deshalb weit mehr als ein Wellness-Rezept. Ich betrachte es eher als eine äußerst notwendige Antwort auf den leisen Ruf, der uns aus unserer gemeinsamen Zukunft erreicht.

In der Stille wird uns die Möglichkeit gegeben, uns selbst, unsere inneren Parameter, unsere Werte, unser Menschenbild und unseren Blick auf die Welt um uns herum neu zu kalibrieren. Für viele von uns könnte es tatsächlich lebensrettend sein, immer wieder einmal einen »akustischen Urlaub« zu buchen, um zu uns zu kommen und die positiven Effekte für unsere Gesundheit zu erleben. Vielleicht noch wichtiger und auch sehr viel leichter machbar ist es, in einer ständig brausenden Welt irgendwo

Regelmäßig Stille zu suchen, ist weit mehr als ein Wellness-Rezept.

in unserer Nähe ein stilles Eckchen, einen ruhigen Winkel zu suchen und dort so lange zu verweilen, bis man das wahrnimmt, was man nicht wahrnimmt, wenn man selbst ständig redet oder auf andere Weise ein Teil des allgemeinen Rauschens ist. Und diesen Platz kann man, selbst wenn man – wie ich – nicht gerade eine natürliche Neigung zur Stille hat, in sich selbst finden. So erlebe ich das jedenfalls. Das ist meine Erfahrung. Ich muss mindestens eine stille Stunde am Tag »herausschneiden«. Sonst werde ich fortgeblasen. Auf so wackeligen Beinen stehe ich.

Es gibt Menschen, die werden mit großen inneren Welten geboren, aber ich weiß nicht, ob ich sie beneiden soll. Ich fühle mich wohl in meiner geselligen, lärmenden und schwatzenden Welt. Und doch habe ich entdeckt, dass die Stille und das gesellige Leben keine Gegensätze sein müssen. Im Gegenteil: Sie bringen einander voran und befeuern einander in Richtung auf ein nachhaltigeres und leidenschaftlicheres Leben. Das zu entdecken war für mein Leben eine Art stille Revolution.

3

In der Denkfabrik der Seele

Eines Tages wird der Mensch den Lärm
ebenso unerbittlich bekämpfen müssen
wie die Cholera und die Pest.

Robert Koch, Mikrobiologe und Nobelpreisträger, 1910

Von den Dingen, die ich zum Thema dieses Buchs gelesen habe, hat mich eins am meisten erschüttert und zugleich mit Hoffnung erfüllt: *One Square Inch of Silence* (»Ein Quadratzoll Schweigen«) von Gordon Hempton. Er ist Akustikökologe (so heißt das tatsächlich) und ist im Laufe von mehr als dreißig Jahren um den Globus gereist, immer in Sachen Klang und Stille. Hempton glaubt übrigens, dass es einen großen Unterschied gibt zwischen Stille und Stille. Das kann man erkennen, wenn man die verschiedenen Aufnahmen hört, die er gemacht und gespeichert hat.

Gordon Hempton ist ein aufmerksamer Zuhörer, und er ist überzeugt, dass die Stille auf unserer Erde unmittelbar vor ihrer Ausrottung steht. Seine Definition von Stille: wenn man mindestens 50 Minuten lang keinen von Menschen gemachten Laut hören kann. Nichts als die eigenen Laute der Natur oder der Atmosphäre. Wind, der durch Bäume streicht, Wasser, das im Bach murmelt, Vogelgesang. Seiner Ansicht nach gibt es in den USA nur noch zehn Orte, an denen man das erleben kann; viele dieser Orte musste er in den letzten Jahren von seiner Liste streichen. In Europa gibt es seiner Einschätzung nach keinen einzigen solchen völlig stillen Ort mehr.

Was geschieht in einer solchen Welt mit der Seele? Hempton glaubt, dass es zu unseren menschlichen Grundrechten gehört, den Lauten der Natur still und ungestört zuzuhören, sodass das, was wir hören, eine Bedeutung bekommt. Lange bevor der Mensch Laute und Lärm schuf, gab es nur die Laute der Natur. Das menschliche Hören entwickelte sich in perfekter Anpassung an diese Laute. Da ist der Wind, der den Wetterumschlag ankündigt, der erste Vogelgesang, der im Frühjahr die Botschaft bringt, dass die Erde bald wieder grün werden wird, ein sich nähernder Sturm, der das Ende der Trockenperiode verspricht, und die Gezeiten als eine Art himmlisches Ballett – um mir nur einige seiner Beispiele zu leihen.

Hempton nennt unseren Planeten Erde eine »solarzellengetriebene Jukebox«. Wenn man nämlich zum Äquator kommt und auf den Regenwald des Amazonas hört, also auf den Ort mit der meisten Sonne und der meisten Sonnenenergie, dann fällt einem dieses Bild ein, meint Hempton. Die Solarpanele – die Blätter – nehmen Licht und Energie auf und verwenden sie in ihrem bioakustischen System. Die Laute all des Lebens, das dort entsteht, sind so stark, dass der Mensch sie als beinahe zu stark empfindet.

Die Stille, so Hempton, ist ein heiliger Ort für die Seele, einer, der unsere Sinne öffnet und uns lebendig werden lässt: »Stille kann man wie ein Stück glühende Kohle von einem Feuer mitnehmen, man kann auf sie treffen, und sie kann uns treffen, sie kann verloren gehen und wiederhergestellt werden, aber man kann sie sich nicht vorstellen, wie viele glauben. Um das Wunder zu erleben, wie Stille die Seele weitet, muss man sie hören.«

Die Stille ist ein heiliger Ort für die Seele, der unsere Sinne öffnet und uns lebendig werden lässt.

Hier spricht ein Mann etwas Metaphysisches an, der von sich selbst sagt, spirituell aufgeschlossen, aber nicht religiös zu sein. Hempton glaubt, dass es uns nicht weiterbringt, wenn wir uns mit lärmdämmenden Kopfhörern oder durch Lärmschutzgesetze abzuschirmen versuchen. Nur eins bringt uns weiter: wieder Kontakt mit der Natur aufzunehmen, einer Natur, die spricht, die uns leise ruft, mit einem Ruf, den wir nur wahrnehmen, wenn er uns in der Stille erreicht. Stille und Hören bieten Raum für Wachstum und sind wie eine Stimmgabel, an der wir uns ausrichten können.

Laut Gordon Hempton haben wir ein Stadium der Menschheitsgeschichte erreicht, in dem die Umweltkrise eine dauerhafte Umstellung unseres Lebensstils notwendig macht. Mehr als je zuvor müssen wir uns jetzt in die Natur verlieben. Und Hempton meint: Der beste Ort der Begegnung wäre die Stille.

Ein spannender Gedanke, finde ich. Die Stille als Ort der Begegnung zwischen uns und der Natur, der wir wieder »verfallen« sollten, so wie wir einem Menschen »verfallen«, in den wir uns verlieben. Aber so, dass wir ihr immer und immer wieder verfallen, sodass die Verliebtheit die Chance bekommt, zu einer lebenslangen Liebe zu reifen.

Wir müssen verstehen, wie bedroht die Stille ist. Vielleicht kann ihre Bedrohtheit dann zu einem Weg nach vorn werden. Aus Bedrohung würde Hoffnung, könnte man sagen. Vielleicht liegt in Hemptons Bild von der Stille als Treffpunkt ja ein Schlüssel zur Hoffnung auf Zukunft? Oder, um in der Sprache der Liebe zu bleiben: der geheime Schlupfwinkel, der die Liebe lebendig hält.

Warum ist die Stille so wichtig? Die Stille nährt unsere menschliche Natur. Sie hilft uns zu verstehen, wer wir sind. In der Stille können wir uns nicht vor uns selbst verstecken. Vielleicht tun wir gerade deshalb alles, um ihr auszuweichen. Doch wenn wir das tun, entgeht uns das, was uns im Tiefsten zu Menschen macht. Das, was unsere Wahrnehmung so schärft, dass sie empfänglich wird, und unser Hören neu justiert. In einer guten Stille werden wir zu Menschen, die besser hören: auf die Natur, aufeinander und auf Gott. Vielleicht werden wir auch ernsthaftere Zuhörer, weil die Sehnsucht wächst, so zu leben, wie wir es als richtig erkannt haben. Wir werden fähig, uns von Selbstgefälligkeit zu lösen, von dem eingeschränkten Blick auf Wirtschaftlichkeit und auf Materielles, und wir verstehen, dass es uns schwerfällt, die Grenze zwischen Begehren und Bedürfen zu erkennen.

»Wo etwas Großes geschieht, geschieht es still«, schreibt der Ökologe Stefan Edman in seinem Buch *Förundran* (»Staunen«) und beschreibt, wie er einer Tannennadel zuhört. Sein Text beginnt mit der Beschreibung eines nur fünf Gramm schweren Wintergoldhähnchens, erzählt dann von einer 90 Jahre alten Tanne, die doppelt so viele Bewohner hat wie Östermalm (einem Innenstadtbezirk von Stockholm mit etwa 60 000 Einwohnern), und spricht dann vom Universum als einer einzigen großen Stille. »Klang entsteht in den Lebewesen«, schreibt Edman und fasst dann zusammen: »Die Wirklichkeit wohnt in der Stille.«

Was ist eigentlich Stille? Und gibt es überhaupt die völlige Stille? Wenn wir sagen: »Es ist still«, meinen wir ja nicht null Dezibel. Wenn es wirklich absolut still wäre, würden wir nach kurzer Zeit verrückt. Es geht also eher darum, dass wir von einem Ort träumen, an dem die Laute, die wir hören, begrenzt sind und an dem wir Laute wahrnehmen können, die uns sonst entgehen, Laute, die wir selbst mit unserem menschlichen Sprechapparat nicht zustande bringen. Eine Stille, in der wir das »Kleingedruckte« des Lebens wahrnehmen. (Ein schönes Wort, dieses »wahrnehmen«: sich einer Sache bewusst werden, die nur nach und nach hervortritt.

Sie war immer da, aber erst jetzt kann sie erkannt werden. Man »wird ihrer gewahr«.)

Der eigensinnige Komponist und Autor John Cage schreibt in seinem Buch *Silence*: »Es gibt nicht so etwas wie eine leere Fläche oder eine leere Zeit. Es gibt immer etwas zu sehen oder etwas zu hören. Sicher ist: Sosehr wir auch versuchen, Stille zu schaffen – wir können es nicht. Ob wir es beabsichtigen oder nicht, es entsteht immer Geräusch.« Cage behauptet schließlich, dass wir, selbst wenn es uns gelingen sollte, tatsächlich Stille entstehen zu lassen, nichts entdecken würden als »das Getöse in unserem Inneren, den Strom unseres Blutes, das durch den Körper gepumpt wird. … Der Schaden, den der Lärm anrichtet, besteht nicht darin, dass er uns einer Nicht-Sache, eines ›Un-Wesens‹ beraubt, nämlich der Stille, sondern dass er uns all die kleinen Klänge nimmt. Denn das Getöse hat es uns nicht nur unmöglich gemacht zu wissen, wie Dinge klingen, es hat uns vergessen lassen, dass sie klingen.«

Wahrnehmen heißt: sich einer Sache bewusst werden, die nur nach und nach hervortritt.

Bei diesem Gedanken sollte man einmal kurz und vielleicht auch etwas länger Halt machen. Was sind das für kleine, schwache, vorsichtige Klänge, die ich nicht mehr wahrnehme? Was geht im Brausen und Rauschen verloren? Wir können es nicht wissen. Der einzige Weg, es herauszufinden, geht über das Wagnis, sich der Stille zu stellen.

Peter Englund schreibt in seiner Essay-Sammlung *Tystnadens historia och andra essäer* (»Die Geschichte der Stille«), wie die Klanglandschaft unserer Welt sich verändert und dass wir heute in einer ohnehin schon vermüllten Welt auch noch mit großen Mengen »Klangmüll« umgehen müssen. »Da klingt es nicht nur lauter, da klingt auch so viel mehr; mehr in dem Sinne, dass der Lärm einen so viel breiteren Frequenzbereich eingenommen hat: Das ›weiße Rauschen‹ der elektrischen Geräte, das ferne Grollen der Flugzeuge, die nahen, eindringlichen Verkehrsgeräusche – alle zusammen bewirken, dass unser akustischer Horizont sich verengt, dass unsere akustische Welt simpler, platter, ärmer wird.«

Englund meint, dass die Natur unseres Hörens sich verändert hat, dass wir früher intensiver gehört haben, auf das hörten, was wir hören mussten, um zu überleben, dass der Klang also Bedeutung hatte. Heute sind die Klänge um uns herum Hintergrundgeräusche, die wir nur wahrnehmen, um sie gleich wieder aus unserer Wahrnehmung herauszufiltern.

Es gibt eine Suche nach Stille, deren Ziel die Leere ist. Nichts sehen. Nichts hören. Nichts wissen. Für mich klingt das wie die Definition von »tot«. Darauf bin ich nicht aus. Ich schreibe mich auf diesen ersten Buchseiten warm, um eine Stille zu beschreiben, deren Wirkung in eine andere Richtung geht – die uns zu Menschen mit einem klareren Blick macht, mit einem feineren Gehör, mit einem reicheren und wärmeren Gefühlsleben und einem tieferen Engagement.

Bei einer guten Stille geht es mehr darum, den Ton zu treffen, als still zu werden. Ein Gehör zu entwickeln für die schwachen Signale, die meinen Ton tragen, meinen Beitrag in dieser Welt, und die Fähigkeit zu unterscheiden, wo ich mich einmischen soll und wo nicht.

In der britischen *Daily Mail* lese ich von der *anechoic chamber*, einem echolosen Raum in den *Orfield Labaratories* in Minneapolis. Im Jahr 2012 wurde er zum stillsten Ort der Welt gekürt. Nur wenige halten es in dieser Kammer für eine Weile aus. Nach kurzer Zeit beginnt man zu halluzinieren, niemand konnte die totale Stille mehr als eine Stunde ertragen. Die kompakte Stille des Raums lässt die Ohren taub werden. Im Interview sagt Steven Orfield, einer der Initiatoren des Projekts: »Je stiller es ist, desto mehr Geräusche hörst du: deinen Herzschlag, die Bewegungen der Lungen, wie es im Bauch arbeitet. In der Kammer wirst du selbst zum Klang.«

Ich mag diesen letzten Satz: »In der Kammer wirst du selbst zum Klang.« Es klingt wie das Echo eines Jesuswortes aus der legendären Rede, die als Bergpredigt bekannt wurde: »Wenn du betest, dann geh in dein Kämmerchen, ins Verborgene.«

Der Orfield-Raum wurde als stillster Ort inzwischen von Microsofts echofreiem Raum in Redmond, USA, geschlagen, aber so oder so führt uns die Analyse der Forschenden eine existenzielle Dimension vor Augen: »In der Kammer wirst du selbst zum Klang.« Ich glaube, dass das im wörtlichen wie im übertragenen Sinne wahr ist. Stille und Abgeschiedenheit ermöglichen beziehungsweise zwingen uns, uns selbst zu begegnen – im Guten wie im Bösen. In der Stille stoßen wir auf eine Wahrheit, der wir nicht entkommen können.

In der ungekürzten Neuübersetzung ins Schwedische von Henry David Thoreaus *Walden. Ein Leben mit der Natur* schreibt der Übersetzer Peter Handberg: »Die Frage ist, ob nicht die modernen Techniken dazu beitragen, viele der Instrumente des Wissenserwerbs auszuradieren, mit denen wir früher in uns selbst hineinhörten.«

Als ich das las, wusste ich, dass es um mich geht. Und gleichzeitig sah ich einen Weg: Ich begriff, dass ich irgendeinen Zeitraum im Laufe eines jeden Tages und einen etwas längeren Zeitraum im Laufe einer jeden Woche »herausschneiden« musste, um selbst zu bestimmen, worauf ich hören möchte, und einen Platz zu finden, an dem ich die uralten »Instrumente des Wissenserwerbs« vom Staub befreien kann.

»Zuwarten« ist das Warten auf etwas, das auf uns zukommt – in dem Glauben, dass das Gute schon auf dem Weg zu uns ist.

Unser Inneres ist so groß, und in dieser weiten Landschaft kann die Stille uns ermöglichen, die großen Linien zu sehen, weitreichende Gedanken zu denken, Gedanken miteinander zu langen Ketten zu verknüpfen, Dinge in einen Zusammenhang zu bringen und zu verschmelzen. »Zuwarten«, sagte meine Mutter, wenn sie auf eine Frage nicht sofort antworten konnte. »Ich muss da noch zuwarten.« Das ist so gut! »Zuwarten« ist nicht einfach warten. Es ist das Warten auf etwas, das auf uns zukommt – in dem Glauben, dass das Gute schon auf dem Weg zu uns ist.

4

Reise in die Stille

Eine Reihe glücklicher Umstände führte dazu, dass ich einen beinahe lautlos gleitenden, gemieteten Cadillac steuern durfte, weg vom Flughafengelände in Denver/Colorado, hinein in die einsamste, seltsamste und vielleicht wichtigste Reise, die ich in meinem Leben unternommen habe. Ich, der ich normalerweise einen Fiat 500 anklicke, wenn ich ein Auto mieten muss, saß einsam in einem Cadillac! Irgendetwas war bei der Buchung schiefgelaufen, und so hatte ich ein viel größeres Auto bekommen, als mir eigentlich zustand. Als die junge Frau von der Autovermietung von meinem Reiseziel hörte, meinte sie allerdings, dass es ohnehin gut sei, wenn ich dort ein »reelles« Auto hätte.

Ich hatte mich aufgemacht, um drei Menschen zu treffen, denen ich von ferne schon seit Jahren gefolgt war. Ich hatte nur wenig Hoffnung gehabt, dass einer dieser drei auf meine Frage, ob wir uns zu einem Gespräch treffen könnten, mit Ja antworten würde. Weil keiner von ihnen wusste, wer ich war, hatte ich meinen Verlag und ein paar andere Leute gefragt, ob sie den Kontakt herstellen und um ein Treffen bitten könnten. Zu meiner eigenen Verwunderung (und der anderer) antworteten alle drei mit Ja, und dann passte auch noch der Zeitplan, den ich entworfen hatte, für alle perfekt.

Ich verbrachte einen Tag in dem wildwestartigen Örtchen Evergreen, auf 2 000 Meter Höhe, westlich von Denver. Evergreen war in seiner Glanzzeit ein Umschlagplatz für Post, Proviant und alles, was man sonst noch transportieren lassen wollte, in der Regel mit dem Pferd. Vieles aus dieser Zeit ist bis heute geblieben, von den schief getretenen hölzernen Bürgersteigen bis zu den Balken, an denen man die Pferde festband.

Der erste Gesprächspartner, den ich treffen sollte, war Philip Yancey. Schon seit vielen Jahren hatte ich das, was er schrieb, inspirierend und wichtig gefunden. Von einem strengen, fundamentalistischen Südstaaten-Hintergrund kommend, hat er sich mit journalistischer Neugier und Wahrheitsliebe seinen Weg »freigeschrieben«, hin zu einem warmen, offenen und vorurteilsfreien Glauben. Yancey musste feststellen, dass das Gottesbild, mit dem er aufgewachsen war, so beschränkt und schädlich war, dass ihm nichts anderes übrig blieb, als damit zu brechen und eine andere Richtung einzuschlagen. Millionen Leserinnen und Leser sind seitdem seiner mutigen und von Liebe getriebenen Suchbewegung gefolgt, einem Glauben auf der Spur, der den Menschen nicht kleinmacht, sondern groß.

Ich bin einer von ihnen. Yanceys Buch über das Gebet begleitet mich, seit es 2008 auf Schwedisch erschienen ist. Ein Wackerstein, der als eine Art geistlicher Hausapotheke dienen kann, oder auch ein Nachschlagewerk zum Thema Gebet. Reich, klug und in manchen Teilen berührend.

Weil er in der Nähe von Evergreen wohnt, schlug Yancey vor, wir sollten uns in *The Muddy Buck* treffen – was sich als gute Wahl erwies. Das Lokal sah aus, als wären hier Szenen mit der Familie Macahan für *Durch die Hölle nach Westen* gedreht worden, und lag an der Haupt- und einzigen Straße des Ortes. Das Haus war ursprünglich als Hotel gebaut worden, und viele Stücke der einstigen Einrichtung waren erhalten geblieben, inklusive des Kühlraums, der früher allen Einwohnern des Ortes diente, heute nur noch dem Hotel.

Die Sache mit dem Kühlraum weckte in mir eine alte Erinnerung: In Kramfors in Nordschweden, wo ich aufgewachsen bin, waren die Reihenhäuser damals noch nicht mit einem eigenen Kühlschrank ausgestattet. Aber es gab im Keller eines Hauses in der Nähe einen großen Raum mit Gefrierfächern. An einer Wand bildete eine Reihe von kleinen Tiefkühlfächern einen Schrank. Eines dieser Fächer hatten meine Eltern gemietet. Der Schrank hatte ein amerikanisches Design mit verchromtem Griff und runden Ecken, sodass er ein bisschen wie die Heckfront eines Cadillacs aussah. Wenn wir Elchfleisch oder Saibling essen wollten, nahm meine Mutter das Fahrrad und rief: »Will jemand mit zum Tiefkühler?« Oft wollte ich mitkommen.

Der Tiefkühlschrank war für mich als Kind ein ganz besonderer und beeindruckender Ort. Er hatte seinen eigenen Klang, ein surrendes, durchdringendes Geräusch. Heute weiß ich, dass es der Kompressor war, der diese Töne machte, aber in meinen Ohren klang es damals nach einem Raumschiff oder einem Cadillac (ohne dass ich genau gewusst hätte, was ein Cadillac eigentlich ist). Es war etwas Besonderes, ein Tiefkühlfach zu mieten; längst nicht alle hatten so etwas zu Beginn der Sechzigerjahre.

Philip Yancey erwies sich als eine liebenswerte Person, und wir führten ein spannendes Gespräch im Muddy Buck. Wir unterhielten uns lange über das Gebet, über das, was ich das »*Allemannsrätten* des inneren Lebens« nenne. Um den sehr schwedischen Ausdruck *Allemansrätten* ins Englische zu übertragen, schaute ich auf der Website des *Naturvårdsverket* nach, der staatlichen Behörde für Umwelt- und Naturschutz in Schweden. »Das Recht des öffentlichen Zugangs«, stand dort, und: »Gewohnheitsrecht, welches allen Menschen bestimmte grundlegende Rechte bei der Nutzung der Wildnis und gewissen privaten Landeigentums zugesteht.« Also das Jedermannsrecht, die Freiheit, in der Natur rumzustromern.

In unserem Gespräch ging es viel um die Natur, um Wald und Feld und schöne Plätze, von denen wir einander erzählten. Aber dann kamen wir auf das Recht, nach innen zu wandern, in innere unentdeckte Landschaften, die wir in einer Zeit der ständigen Updates so leicht vergessen oder verpassen. Wir sprachen von der Notwendigkeit geschwätzfreier Zonen und Räumen ohne Handyempfang.

Und wir sprachen über das kleine Wort, das im Schwedischen nur drei Buchstaben hat: *bön*, Gebet. Das Gebet als eine Art, in der geistlichen Welt herumzustromern, Grenzen zu überschreiten, zu zelten, zu angeln, einen Orientierungslauf zu unternehmen, Feuer zu machen. Es sollte dafür ein Armband wie in einem Hotel oder Vergnügungspark geben. Vorzeigen reicht. Ein Jedermannsrecht für die innere Landschaft: Das, wofür das Wort Gebet steht, soll für alle gelten. In dieser Landschaft herumzustromern, ist nämlich nicht denen vorbehalten, die einen »starken Glauben« haben.

Wir sprachen von der Notwendigkeit geschwätzfreier Zonen ohne Handyempfang.

Am Abend hatte ich ein Treffen mit Verlagsleuten, aber danach: fünf Tage nichts. Absolut nichts außer einer Fahrt von Evergreen in Colorado nach Kalispell in Montana, ganz oben, an der Grenze zu Kanada. Dort würde ich ein paar Tage lang den Mann besuchen dürfen, dessen Bücher ich seit vielen Jahren gelesen und der mich von Ferne beeindruckt hatte, einen jetzt alten Mann mit dem schwedisch klingenden Nachnamen Peterson, Eugene E. Peterson.

Am Morgen der Abreise verließ ich das schlafende Denver. Ich startete im Stockfinstern und erlebte den Sonnenaufgang. Diese Reise zu machen hieß, ein Stück der USA zu durchqueren, das für mich völlig unerforscht war. Ich kenne nur wenige Menschen, die dort waren, und noch weniger Menschen, die mir davon hätten erzählen können. Um von Evergreen nach Kalispell zu gelangen, kann man verschiedene Routen wählen. Ich entschied mich für den Weg durch die Bighorn-Berge von Colorado und Wyoming und in Montana dann durch Orte wie Casper, Billings, Bozeman und Missoula bis Kalispell, das im gigantischen *Glacier National Park* liegt.

Etwas Eintönigeres, als diese Strecke zu fahren, kann man sich kaum vorstellen. Alles zusammengefasst passiert hier gar nichts. Eine Stunde später noch einmal nichts. Immer dieselbe schnurgerade Straße durch die Landschaft. Das geht so, bis man zum Frühstück oder zum Lunch zu einer kleinen Ansammlung von Häusern abbiegt, die nicht größer ist als die Kreuzung. Hin und wieder hielt ich an, um meine Beine mal zu strecken oder etwas zu essen, saß im Lauf der Tage viele Stunden auf hässlichen Plastikstühlen, die für Coca-Cola warben, schrieb jeweils ein paar Zeilen in meinen Notizblock und rollte dann weiter.

In einer Infobroschüre für Touristen hatte ich gelesen, dass man in Wyoming der »ungezähmten Seele« des Westens begegnen und sich in einer Landschaft bewegen kann, die »die Sinne für eine innere Freiheit öffnet«. Kein schlechtes Versprechen! Aber tatsächlich ist es, wie sie es schreiben: »Wyoming gleicht keinem anderen Ort der Welt.« Mitten in der Ödnis können plötzlich Gebäude auftauchen, eine Tankstelle oder eine Bar. Mehr ist es meistens nicht.

Ich aß das ungesündeste Frühstück, das im Angebot war: Pfannkuchen mit Ahornsirup oder Waffeln mit Marmelade. Dazu Kaffee und Toast mit Erdnussbutter oder Marmelade. Wahnsinnig lecker, aber eher keine Diät, die man in Büchern empfiehlt.

Es war so unglaublich still! Manchmal sah ich stundenlang keinen Menschen, mein Handy hatte keinen Empfang. Ich hatte das Gefühl, auf einem Langstreckenflug zu sein, allerdings mit festem Boden unter den Füßen, und es bereitete mir ein unbeschreibliches Vergnügen, mir vorzustellen, dass kein Mensch jetzt wusste, wo genau ich war. Auch die Zeitverschiebung freute mich: Zu Hause schliefen alle. Niemand wollte etwas von mir. Ich war in einer Zeit-Blase. Einer stillen Zeit-Blase.

Es bereitete mir ein unbeschreibliches Vergnügen, dass kein Mensch wusste, wo genau ich war.

Ich hatte an Einkehrfreizeiten teilgenommen, an Stillen Tagen, an Wanderungen auf Pilgerpfaden. Aber das hier war etwas anderes. Beim Nachdenken über diese Reise fallen mir mehrere Komponenten ein, die zusammenwirkten: Einsamkeit, Bewegung, Begeisterung, und vor allem diese große Stille. Stille – als Name für ein Land, einen Kontinent. Oder ein ganzes Universum.

Fünf Tage für eine Reise, die man mit dem Flieger in wenigen Stunden machen kann, das hört sich nach schlechter Planung an. Dabei verpassen wir genau das, wenn wir effektiv und zeitsparend die Dinge lückenlos hintereinanderschalten: diese gesegnete Nahtstelle zwischen den Terminen, wenn das

Leben aus dem Takt gerät. Ein bisschen »Luft im System« tut gut, solange es sich nicht um mit Wasser gefüllte Heizkörper handelt.

Im Nachhinein habe ich verstanden, dass es diese lange Fahrt, die Fortbewegung selbst war, was diese Tage so einzigartig und unvergesslich machte. Die Nächte im Motel kleiner Städte, von denen ich noch nie gehört hatte, die großartige Natur, das ungesunde Frühstück in heruntergekommenen Diners, aber vor allem – die Stille. Die vielen langen Stunden ohne zu reden, ohne Ansichten zu diesem und jenem auszutauschen, ohne das Pling der Handynachrichten oder das Brummen des Vibrationsalarms. Es war ein Segen, ganz still reisen zu dürfen.

Es ging also weiter durch Wyoming, den bevölkerungsärmsten Staat der USA, nach Alaska. Der Name Wyoming kommt aus einer der Sprachen der Ureinwohner und bedeutet »auf der flachen Seite des großen Flusses«. Meile um Meile, ohne dass man eine Veränderung der Landschaft bemerken könnte, immer dasselbe und danach dann noch mal dasselbe. Doch, es gibt ganz kleine Veränderungen, aber die sind so geringfügig, dass man weite Strecken zurücklegen muss, bis sie einem auffallen. Weich wogende Hügel, die alle zusammen doch wieder eine Ebene ergeben. Das ist die Prärie. Teilweise gehört sie zu den *High Plains*, einem Plateau, das sich über unfassbare 450 000 Quadratmeter erstreckt.

Durch diese Landschaft zu fahren ist natürlich monoton, aber monoton im besten Wortsinn. Und zutiefst meditativ.

Abgesehen von dem fast nicht zu hörenden Geräusch des Motors war es vollkommen still.

Es war Mitte Mai, und die Landschaft, durch die ich fuhr, war so weit und so großartig, dass mir fast schwindelig wurde. Ja, man kann unendliches, sich in alle Richtungen erstreckendes Weideland öde finden. Und wenn man immer auf die kerzengerade Reihe der Weidezäune blickt, kann das Auge irgendwann nichts mehr unterscheiden; alles verschwimmt und löst sich in das Gesamte der *High Plains* auf. Ab und zu sieht man eine Rinderherde, aber nie einen Menschen.

Es war ein früher, windstiller, diesiger Morgen, als ich mich fragte, ob ich je so etwas Schönes gesehen hatte wie das hier. Ich war so ergriffen, dass ich von der Straße auf einen Parkplatz abbog, um mit meiner Handykamera ein paar Fotos zu machen und nach Hause zu schicken. Ich machte eine Reihe von Bildern und meinte, die Stimmung eingefangen zu haben. Aber als ich ein Bild zum Senden auswählen wollte, war nichts von dem Unendlichen und Großartigen darauf zu erkennen. Die Prärie sah aus wie eine beliebige Kuhweide und die Bighorn-Berge in der Ferne wie die Hügel bei uns zu Hause in Säve.

Aber dann geschah etwas Unerwartetes. Ich stand da, das Handy in der Hand, und fing an zu weinen. Ich weinte, weil ich begriff, dass ich niemals irgendjemandem irgendetwas von meinem Erleben würde mitteilen können. Niemandem. Nichts. Ich könnte darüber schreiben, so wie ich es jetzt tue, aber ich wusste: Wenn ich dieses Gefühl mit Worten zu beschreiben versuchte, dann wäre es, als würde ich leeres Stroh dreschen.

Ich weinte, weil ich wusste, dass das, was ich da gerade erlebte, zu groß war für meine Handykamera und zu groß, um es mit Worten einzufangen. Zu groß für mich. Vielleicht nennt man genau so etwas *larger than life* – überlebensgroß.

5

Tränen sind Trauer, die nach Hause gefunden hat

Ich blieb über Nacht in Casper/Wyoming, der Stadt der roten Hügel. Am Nachmittag war es mild; ich saß in einem Hof, aß und beobachtete die Leute. Der Himmel riss auf, und es wurde hochsommerlich warm, obwohl das Frühjahr doch gerade erst begonnen hatte.

Es ist kaum zu glauben, wie viele Geschäfte für Cowboy-Ausrüstung es in Casper gibt. Das *Lou Taubert Ranch Outfitters* ist ein neunstöckiges Kaufhaus mit allem, was man für das Leben auf der Ranch so braucht. Allein eine Etage mit Satteln und Sattelzubehör und eine mit Cowboyhüten in den erstaunlichsten Ausführungen. Ich sah vermutlich überglücklich aus, wie ein Kind im Spielwarenladen, während ich eine Etage nach der anderen erforschte. Eine Dame in dreiviertellangem Rock und mit einem Silberadler als Hemdverschluss sah mich und sagte lächelnd: »Nice spot! Eh?«

Ich nickte, grinste etwas dümmlich und suchte mich durch bis zur Jeansabteilung, wo allerdings nur Größen vorrätig waren, bei denen ich mit beiden Beinen in ein Hosenbein gepasst hätte. Slim fit schien hier nicht angesagt. Ich erkannte, dass ein neunstöckiges Warenhaus einen sehr glücklich machen kann, auch wenn man keins der Dinge haben will, die es dort gibt. Einfach ein »nice spot«.

Am Abend widmete ich ein paar Stunden der Vorbereitung auf mein Gespräch mit Eugene Peterson und seiner Frau Jan. Ich las einige Abschnitte in Eugenes Autobiografie und versuchte mir vorzustellen, wie unsere Begegnung aussehen würde. Es ist ja schon etwas ganz Besonderes, einen Menschen zu treffen, den man seit Jahren von ferne bewundert. Ich war glücklich und gleichzeitig etwas befangen.

Eugene H. Peterson ist Autor, Professor emeritus der Theologie, Pastor und Poet. Er hat etwa 30 Bücher geschrieben, bekannt wurde er aber vor allem durch seine Bibelübertragung *The Message*. Seine Fähigkeit, über geistliche Dinge in einer Sprache zu schreiben, die gleichzeitig schön und alltäglich ist, hat ihm Millionen Leser beschert. Ich bin einer von ihnen. Und er hat mir ein Leben vor Augen gestellt, in dem zwei Berufe verschmelzen: der des Pastors und der des Schriftstellers.

Ich schlief ein, kaum dass mein Kopf auf dem Kissen lag. Gegen drei Uhr wachte ich plötzlich auf. Ich blieb zunächst ganz ruhig liegen und lauschte in die kohlrabenschwarze Dunkelheit. Was war da? Was hatte mich zu einer Zeit aufwachen lassen, in der ich normalerweise tief schlafe? Jemand, der auf der Straße draußen lautstark vorbeigetorkelt war? Ein unangenehmer Traum? Oder Licht aus dem Nachbarzimmer? Dann erst begriff ich, dass es nichts von alledem gewesen war. Auch nichts anderes dieser Art. Es war die Stille.

Punkt drei Uhr hatte sich die Klimaanlage des Hotels ausgestellt, ging mir jetzt auf. Sie war eine von der leisen Sorte, deshalb war mir ihr Rauschen vorher nicht aufgefallen. Aber jetzt war da nichts mehr, und ich glaube, in dieser Nacht war es tatsächlich die Stille, die mich geweckt hatte. Eine Stille, die so kompakt und so auffällig war, dass ich sie fast mit Händen greifen konnte.

Die plötzliche Stille war mit Frieden erfüllt, einer Art angenehmer Kühle, ein Raum für Kreativität.

Manchmal wacht man ja nachts auf, und ehe man sich wehren kann, schlägt die Unruhe ihre Klauen ein. Die Dunkelheit der Nacht gibt angsterregenden Gedanken und Vorstellungen Raum. Die Unruhe wächst, je länger die Zeit sich ausdehnt, die wir als schier endlos empfinden und die im Schwedischen »Wolfszeit« genannt wird: der sehr frühe Morgen. In diesem Hotel aber geschah das nicht. Die plötzliche Stille war mit Frieden erfüllt, einer Art angenehmer Kühle. Gleichzeitig war sie ein Raum für Kreativität. Da war das Gefühl von »alles gut«. In diesem Frieden kann man nicht immer leben, so als müsste von nun an alles stillstehen. Man kann ihn auch nicht abonnieren, er ist nichts, das man durch guten Willen fabriziert. Das Leben birgt zu viele Widersprüche in sich, als dass das möglich wäre. Aber es gibt diesen Frieden, und wenn er sich einstellt, tut man gut daran, ihn willkommen zu heißen wie einen guten Freund.

Am Morgen machte ich mich zeitig auf und erreichte den *Big Horn National Park*, bevor die ersehnte Morgendämmerung anbrach. Es ist etwas zutiefst Hoffnungsvolles, mitzuerleben, wie die Nacht in den Tag übergeht, während man den schrittweisen, fast unmerklich sich vollziehenden Sieg des Hellen über das Schwarze verfolgt. Man kann unmöglich sagen, wann genau dieser Sieg errungen wird. Der Übergang zieht sich auf eine barmherzige Weise in die Länge. Ich habe einen Pappbecher mit Kaffee in den Becherhalter des Cadillacs gestellt und erfreue mich daran, immer wieder ein Schlückchen warmen Kaffee zu trinken, während der Himmel sich intensiv rot färbt.

Mir fällt ein, dass es zu Hause in Schweden jetzt helllichter Tag ist, und ich denke an die vergangene Hotelnacht. An die Stille, die mich geweckt hat, und an das Gefühl von Nähe, das mich umgab. Ich bete für alle, die zu Hause jetzt ihrem Tagwerk nachgehen: Möge der Friede sie umgeben, den niemand von uns aus eigener Kraft ergreifen kann.

Ich bin ein gutes Stück auf meiner Reise vorangekommen und bin gespannt auf die Fortsetzung.

Am dritten Tag erlebe ich den Morgen auf der anderen Seite der Grenze, also schon in Montana. Nach einigen Stunden

Fahrt werde ich ein bisschen schläfrig und biege zu einem Rastplatz ab, der – zumindest an diesem Tag – völlig verlassen daliegt. Hier gibt es alles, was man braucht: Toiletten, Fitnessgeräte, Tisch und Stühle für ein Picknick und eine Bank, die wie dafür geschaffen ist, dass ich mich auf ihr der Länge nach ausstrecke, um ein Nickerchen zu machen.

Es ist diesig, und die Sonne scheint durch dünne Schleierwolken. Es ist ein barmherziges Licht. Ein Licht, das auf fast magische Weise den Eindruck der Stille verstärkt. Nicht, dass alle Laute verschwänden, im Gegenteil, sie treten klarer hervor – genau wie die Erinnerungen. Aus weiter Ferne höre ich das eine oder andere Auto auf dem Highway 25, dann wird es wieder still.

Ich schlummere eine Weile und wache wieder auf, aber ich bleibe noch ein paar Minuten im Grenzland zwischen Wachheit und Schlaf. Die Stille hier bringt mich in Kontakt mit der Stille an anderen Orten. Ich denke an meinen Vater. Wie er und ich zum Schleppangeln zu seinem Lieblingssee gingen. Einer kümmerte sich um den Motor, einer hielt die Angelrute über den Bootsrand. Wir saßen einander gegenüber. Der Motor brummte, ein vier PS starker Johnson. Wir sagten nichts, aber wir schauten einander an, und Papas bedingungslose Liebe erfüllte den Luftraum zwischen uns. Worte hätten nur gestört. Ich wusste, dass er mich liebte.

Ohne dass ich es beeinflussen könnte, sehe ich mich nun in den Augenblick versetzt, in dem mein Bruder anrief und sagte, Papa sei tot. Ich weiß noch ganz genau, an welcher Stelle in unserer Göteborger Wohnung ich da gerade stand.

Ich war eben erst aus der Geburtsklinik gekommen, wo unser mittlerer Sohn das Licht der Welt erblickt hatte. Am Tag zuvor hatte ich meinen Vater im Krankenhaus von Sollefteå besucht. Ich packte meinen Koffer und fuhr wieder zurück an die Ostküste. Alles, jedes Detail steht mir wieder vor Augen auf dieser Parkbank in Montana.

Wir sagten nichts und schauten einander an. Worte hätten nur gestört. Ich wusste, dass er mich liebte.

Ich liege auf dem Rücken und schaue in den Himmel. Die Wolken da oben bewegen sich ganz langsam, wie schwerelos, und ich spüre, wie die Tränen beginnen, über meine Wangen zu rinnen. Ein kleines Rinnsal erzählt von Trauer und Leere, ein anderes von einer übergroßen Dankbarkeit dem Leben gegenüber.

Ein Sattelzug donnert über den Highway, und in der Stille, die folgt, nicke ich wieder ein. Die Stille führt mich übergangslos hin zu dem Sonntagmorgen, an dem unser jüngster Sohn nach Jahren des Kampfes gegen seine Krankheit an unserem Küchentisch ein letztes Mal einschlief. Es war das, wovor uns gegraut hatte – und was wir ihm so sehr gönnten. Keine Panik, nur diese herzzerreißende und angesichts seines Leidens barmherzige Stille, als er in Gottes Mantel gehüllt wurde. Es blieb nichts zu sagen. Es blieb nichts zu tun. Wir konnten nur diesen kleinen Kämpfer ehren und seinen Abschied respektieren, indem wir seine Hand hielten, diese Hand, die zum ersten Mal seit vielen Jahren nicht verkrampft war.

Ich bin überzeugt, dass unser Sohn an diesem Tag in etwas Größeres, Weiteres, Freieres gezogen ist. Ohne dass das Band zerschnitten worden wäre, das uns mit ihm verbindet. Er ist uns ein Stück Himmelfahrt voraus, auch ein Stück Erdenzeit. Nichts, was man mit irdischen Werkzeugen einfangen könnte. Genauso unmöglich, wie die Landschaft von Wyoming aufs Handy zu bannen. Es geht einfach nicht. Und deshalb weint man. Deshalb weine ich im diesigen Licht auf der Holzbank am Highway 25.

Ich denke oft daran, dass im letzten Buch der Bibel erzählt wird, wie das Lamm das siebte Siegel bricht und es still wird im Himmel, »etwa eine halbe Stunde lang« (Offenbarung 8,1). So steht es da. Manchmal lasse ich meiner Fantasie freien Lauf, wenn ich über diese Stille nachdenke. Im Himmel, wo sonst ein ständig wachsender Chor von Stimmen zu hören ist, die Gott anbeten und ihm huldigen, in dem Himmel, in dem es durch die Jahrtausende ein Crescendo des Jubels gibt, dort wird es plötzlich vollkommen still. Eine halbe Stunde lang. Wie wäre es, wenn alles, was wir verloren haben, in diesem stillen himmlischen Moment nach Hause fände?

Ich habe manchmal bedauert, dass ich so wenige Tränen für unser eigenes Leid hatte. Mir waren so viele schwere Schicksale begegnet, so viele unfassbar schwierige Lebenssituationen und berührende Geschichten, dass mir die Tränen ausgegangen waren. Manchmal stand ich mit trockenen Augen am Grab unserer Söhne und meinte, genug geweint zu haben. Ich war versöhnt oder, wie man manchmal sagt, »darüber hinweg«.

Aber dort, im diesigen Licht, zwischen Fitnessgeräten und Eimern für die Müllsortierung kommen mir die Tränen. Die heilenden Tränen finden einen Weg zwischen der Stille hier und der Stille dort. In diesem Augenblick ist alles jetzt: das Krankenhaus in Sollefteå, die Kustroddaregatan, unsere Straße in Göteborg, und die Küche in Säve. Alles geschieht gleichzeitig. Die Angelschnur, die in der Tiefe des Sees versinkt, und das andächtige Schweigen im Gewimmel der Millionen und Abermillionen Ewigkeitsmenschen im Reich der Himmel.

Ich liege auf dem Rücken unter den langsam dahingleitenden Wolken in einem wundersam stillen und tröstlichen Montana. »Tränen sind Trauer, die nach Hause gefunden hat«, schreibt Sofia Sivertsdotter. Und alle, die trauern, die jemanden vermissen, wissen, was sie meint.

6

Wie der Eisvogel Feuer fängt

In der letzten Nacht bevor ich Eugen Petersons Zuhause erreichte, übernachtete ich in Billings. Ich wachte früh auf, checkte aus und machte eine letzte einsame Fahrt durch die Morgendämmerung. Während der Nacht hatte es einen heftigen Wetterumschlag gegeben, und ich fuhr das erste Stück durch echtes Göteborg-Wetter. Wegen des unaufhörlichen Regens gab ich meinen Plan auf, über die *Great Falls* zu reisen, und fuhr stattdessen durch den *National Bison Range*.

Bis der Cadillac mich auf die sagenhafte Straße von Polson den *Flathead Lake* entlang nach Kalispell führte, hatte der Regen nachgelassen. Die Landschaft mit ihren schneebedeckten Bergen hätte ein Teil von Lappland oder Härjedalen sein können. Zu Mittag aß ich in Big Arm Pfannkuchen mit Fleisch drauf, dazu braune Soße. Das hört sich schlimmer an, als es war.

Die Nacht verbrachte ich in einem *Bed & Breakfast*, das der Verlag für mich gebucht hatte, der auch mein Treffen eingefädelt hatte. Als die Gastgeberin begriff, dass ich gekommen war, um das Ehepaar Peterson kennenzulernen, erzählte sie ihre Lieblingsgeschichte: Bono von der Gruppe U2 war mal hierhergekommen, um Eugene Peterson zu treffen, und seine Entourage hatte in diesem B&B gewohnt. Bono brauchte ein paar Stunden Ruhe und ließ sie, die Gastgeberin, durch seinen Assistenten fragen, ob es für sie in Ordnung sei, wenn er auch ins B&B käme.

Meine Gastgeberin berichtete ausführlich von dem, was dann passierte: Sie hatte ihre Putzkleidung an und geriet »volle Kanne in Panik«, wie sie es ausdrückte. Doch nach weniger als einer Stunde hatte sie das ganze Haus sauber gemacht, geduscht, sich geschminkt und ihren halben Kleiderschrank ausprobiert, um bei Bono einen guten Eindruck zu machen. – Meine Ankunft machte keinen Kleiderwechsel nötig.

Don vom Verlag kommt zum B&B und leistet mir Gesellschaft. Er lacht gern und freut sich, dass ich die Geschichte von Bono hören durfte. Er selbst hat sie sicher schon tausendmal gehört. Don hat ein sonniges Gemüt, und nach den stillen Tagen erfüllt er voll und ganz mein Bedürfnis, wieder zu reden, zu lachen und in Gesellschaft zu sein.

Es ist Sonntag und wir begleiten das Ehepaar Peterson in die kleine lutherische Kirche am Ort, die sie jeden Sonntag besuchen, wenn sie zu Hause sind. Heute ist Konfirmation.

Die Konfirmandengruppe ist nicht groß; sie besteht aus genau zwei Jugendlichen. Mir gefällt der Gedanke, dass einer der scharfsinnigsten Theologen und Pädagogen der Welt hier zu hören bekommt, wie die Jugendlichen in ganz einfachen Worten von ihrem Glauben erzählen. Den Fotos nach zu urteilen, die ich heimlich aus meiner Bank heraus mache, tut er das mit großer Freude.

Wir essen zu Mittag und dann nimmt Don mich mit zum *Glacier National Park*. Das hier ist ein krasser Gegensatz zu Wyoming und nimmt mir den Atem auf eine ganz andere Weise. Don mit seinen orange gefärbten Sonnenbrillengläsern freundet sich sofort mit allen Leuten an, die wir treffen. In dieser Hinsicht ist er wie ich, aber ein wenig rundlicher, dabei rundum fröhlich und amerikanisch. Wir lassen das Auto stehen und gehen Richtung Wasser, dem *Lake McDonald*. Orangerote Busse mit offenem Deck, die *Red Jammers*, bringen Touristen in den Park. Wir schauen ihnen zu und gehen dann noch ein Stück weiter in den Park hinein, wo der See an diesem Tag daliegt wie ein blanker Spiegel.

Den nächsten Tag verbringe ich in Petersons Haus am *Flathead Lake*, einem Bergsee, der seinen Namen von einer Ureinwohnergruppe hat, den *Flatheads*. »Ich wohne am Rand dessen, was von einem Gletscher übrig ist, der vor zehntausend Jahren zu schmelzen begonnen hat«, schreibt Eugene Peterson in seiner Autobiografie *The Pastor*.

Das Meiste von unserem Treffen in der Einsamkeit kann ich nicht wiedergeben. Peterson ist in mehrfacher Hinsicht ein verwundeter Mensch und nun schon ein gutes Stück unterwegs auf dem Weg ins Schattenland.

Ich bekomme ein Exemplar von Eugenes Predigtsammlung *As Kingfishers Catch Fire* (»Wie Eisvögel Feuer fangen«) geschenkt und bitte ihn, mir das Buch zu signieren. Das dauert ein Weilchen. Er schreibt langsam und in kleiner Schrift, an der Grenze zur Unleserlichkeit. Der Titel des Buchs bezieht sich auf ein Thema, das in mehreren seiner Bücher vorkommt. Und so ist auch ein Sonett von Gerard Manley Hopkins überschrieben, entstanden 1918 in Wales, in dem es über Eisvögel heißt: »They had short lives and long summers« – »Sie hatten ein kurzes Leben und einen langen Sommer«.

Jetzt sitzen wir also da. Ich habe mich während meiner Reise vorbereitet, indem ich mir seitenweise Notizen gemacht habe: lauter Dinge, über die ich gern mit ihm reden möchte. Ich bin bestens präpariert für ein Gespräch über Theologie, das Leben als Pastor, das Schreiben von Büchern und, natürlich, über das Gebet.

Nichts davon kommt zur Sprache. Natürlich lebt das alles in ihm, aber Eugene ist wortkarg, fast immer ganz still. Meistens schaut er mich nur an, aber manchmal bricht ein Lächeln durch, das schönste Lächeln, dem man begegnen kann. Wie ein Eisvogel, der von einem Sonnenstrahl getroffen wird und dessen Federkleid aufblitzt.

Dennoch habe ich das Gefühl, auf merkwürdige Weise mehr mitgenommen zu haben, als wenn ich mit diesem ungewöhnlichen Theologen tatsächlich über Theologie geredet hätte. Jedenfalls etwas anderes, etwas, das mit der Gelegenheit zu tun hat, Danke zu sagen. Ich habe früher schon einmal eine Art Danke-Reise gemacht und festgestellt, dass das Danken mehr ist als eine einseitige, artige Geste. Es ist auch etwas, das das, wofür man danken will, zur Vollendung bringt. Ich habe es selbst beobachtet, wenn Leserinnen oder Leser zu mir nach vorne kamen, um mir für ein Buch oder eine Zeitungskolumne zu danken. Der Dank richtet sich natürlich an mich, aber es geht auch um die Leser und Leserinnen selbst, um ihr Bedürfnis, das ausdrücken zu dürfen, was sie in der Begegnung mit dem Text empfunden haben. So als wären sie mit der Lektüre noch nicht richtig fertig, bis der Dank Ausdruck gefunden hat. So zu danken ist nicht immer möglich, aber wenn, muss man ihn sehr ernst nehmen.

Eugene ist fast immer ganz still. Aber manchmal bricht ein Lächeln durch, das schönste, dem man begegnen kann.

Ich habe noch ein zweites Buch von Eugene bei mir: *Answering God*. Auf das Vorsatzpapier schreibt er nun: »For Tomas – enjoying the life of prayer – enjoying the common life of Jesus …« – »Für Tomas – der sich am Gebetsleben freut – der sich am gemeinsamen Leben mit Jesus freut.« In *Answering God* geht es um das biblische Buch der Psalmen. Eugene schreibt hier über das Gebet als Werkzeug und über die Psalmen als Werkzeugschuppen mit 150 einzelnen Gerätschaften für das Leben. »Keine Werkzeuge, um etwas zu *schaffen* oder etwas zu bekommen, sondern um zu *sein* und zu *werden*.« Ich erzähle Eugene davon, wie diese Definition, eigentlich nur genau dieser eine Satz für mich zum Schlüssel wurde, der mir die Tür zum Gebetsleben der Psalmen öffnete, und dass er es war, der mich hat verstehen lassen, welche Kraft in einer täglichen und lebenslangen Lektüre der Psalmen liegt.

Eugen hat große Teile des Buchs in dem Haus geschrieben, in dem wir jetzt sitzen. Damals war es noch ein Sommerhaus, jetzt ist es ausgebaut. Jedes Jahr in den Sommerferien reiste die Familie hierhin und blieb einen ganzen Monat lang. Die Autofahrt von Maryland in den Westen dauerte fünf Tage, und Eugene kommt in seinen Büchern hier und da auf diese Reisen zu sprechen: wie sie immer an denselben Orten Pause machten und ihr Zelt für die Nacht aufschlugen. Und immer wieder kommt er in seinen biografischen Texten auf einen Abschnitt der Strecke zu sprechen, der durch die sogenannten *Badlands* führt. Die karge Erosionslandschaft wird in seinen Büchern zu einem Bild für die schwierigen Jahre, die ihn zu dem Pastor machten, der er ist. Zu einem betenden Pastor. Einem Pastor, der Menschen begegnet, ohne gleich zu wissen, was für sie gut und richtig ist.

Answering God hat er während eines Sabbatjahrs hier in Lakeside geschrieben. Er beschreibt, wie in diesem Haus und seiner Umgebung Vergangenes wieder lebendig wurde: das Leben und der Glaube seiner Eltern. Wie deren Gebete in seine eigenen Gebete, in seine Arbeit und in seinen Glauben eingingen. Dass er erntete, was sie gesät hatten.

Unsere Begegnung findet an dem Ort statt, an den er seit mehr als 65 Jahren immer wieder zurückkehrt. Dieses kleine Stück Lakeside ist sein Ort der Sammlung, der Vertiefung, der Meditation, des Nachdenkens und der Lektüre.

Er war noch ein Teenager, als er begann, diesen Ort als »heilige Erde« zu betrachten. Hier suchte er die Einsamkeit, hier fühlte er sich von Stille umfangen, und hier »lauschte, lauschte, lauschte« er. Er schreibt, dass er, wenn er über die Hänge auf das Bergmassiv zuwanderte oder auf dem *Flathead Lake* paddelte, oft dachte, wie wichtig der Ort doch für das geistliche Leben ist. Genau wie die Vorstellungswelt und die Geografie der Bibel seinen Glauben formten, so tat das auch die Landschaft von Montana. Sie wurde für ihn zu einer Art »Orientierung im Lande der Lebenden«.

»Mein Großvater würde sich freuen, wenn er wüsste, dass du hier bist«, sagt Eugene plötzlich. Sein Gesicht hellt sich auf, wird aber gleich wieder ernst. Und dann erzählt er mir das wenige, das er von seinen Großeltern väterlicherseits weiß: dass sie aus Nordschweden kamen und auswanderten, weil es in Skandinavien damals sehr harte Zeiten waren.

»Es muss irgendwas vorgefallen sein«, sagt er.

Nirgends in seinen anderen Büchern, nur in seiner Autobiografie habe ich eine einzige Andeutung gefunden, was seinen schwedischen Hintergrund angeht. Und dort ist es eher der Schatten einer Andeutung. Sein schwedischstämmiger Großvater war Tischler – und Alkoholiker. Er wohnte in Ballard, dem schwedischen Viertel von Seattle. Wenn er so viel trank, dass es lebensbedrohlich wurde, rief Eugenes Tante bei ihrem Bruder in Montana an und sagte: »Komm und hol Papa ab. Du musst ihn austrocknen.« Und Eugenes Vater fuhr tatsächlich jedes Mal nach Seattle, nahm seinen Vater mit nach Lakeside und behielt ihn einige Monate in der Familie, damit er »austrocknete«.

Er erzählt mir das wenige, das er von seinen Großeltern weiß: dass sie aus Skandinavien während sehr harter Zeiten auswanderten.

Eugene mochte das Zusammensein mit seinem Großvater, obwohl der sehr wortkarg war. Auch wenn er ihn nach Schweden fragte, wollte oder konnte er nichts erzählen. Eines Tages starb er in einer Bar in Seattle, und die letzten Spuren, die nach Schweden führten, waren verwischt. Zu erleben, wie machtlos der Großvater war, wie unfähig, mit dem Trinken aufzuhören, und wie unfähig, von seinem Leben in Schweden zu erzählen, führte Eugene zu der Einsicht, dass jeder Abhängige sein Großvater hätte sein können. Und es ist nicht verwunderlich, dass Eugenes Kirche in Maryland zu einem Ort wurde, den viele Menschen mit einem Suchtproblem aufsuchten.

Über den Vater seiner Mutter weiß er mehr; Geschichten aus diesem Zweig der Familie wurden immer wieder zum Besten gegeben. André Hoiland kam zu Beginn des 19. Jahrhunderts mit dem Schiff aus Stavanger in Norwegen. Jim Hills *Great Northern Railway* hatte einen Weg durch die Bighorn-Berge nach Montana geschaffen, und die Familie landete zusammen mit anderen Auswanderern in Kalispell. André erreichte das Land mit seiner Frau und neun Kindern; später kamen zwei weitere Kinder dazu. Das H in Eugenes Namen geht auf diesen Großvater zurück: Eugene Hoiland Peterson.

Nachdem Don nach Colorado Springs zurückgereist war, verbrachte ich einen letzten Tag allein in der kleinen Wildwest-Stadt Kalispell. Ich lieh mir im Hotel ein Fahrrad, radelte durch Gässchen und über Nebenstraßen und saß dann viele Stunden bei *Colter Coffee Roasting* im ältesten Teil der Stadt und ließ mir alles, was ich erlebt hatte, noch einmal durch den Kopf gehen.

Nach den wunderbar ausgelassenen Tagen in Dons Gesellschaft fühlten sich die Einsamkeit und die Stille wie eine Heimkehr an. Die Stimmen aus allen unseren Gesprächen und das Rauschen des Wassers im *Glacier National Park* fanden ihren Platz in der großen Stille, in die Wyoming und Montana passen, genau wie in den Wäldern von *Norra Hisingen* bei Göteborg.

Eine Reise ist nie nur *eine* Reise. Sie ist viele Reisen. Man macht sich beim Träumen und Planen mehr als einmal auf den Weg, bevor man überhaupt abreist. Wohlbehalten nach Hause zurückgekehrt, lässt man Teile der Reise wieder lebendig werden, indem man Handyfotos zeigt und Geschichten erzählt. Ich habe Wyoming und Montana verlassen und weiß nicht, ob ich je wieder dorthin kommen werden. Aber Wyoming und Montana haben mich nicht verlassen. Ihre Weite und ihre Berge trage ich noch in mir. So oft ich will, kann ich in Gedanken zurückreisen. So ist es: Inneres und Äußeres korrespondieren.

Zu Hause wieder angekommen bin ich an einem der letzten Tage im Mai 2018, aber ich frage mich, wie oft ich in Gedanken seitdem schon die Strecke von Denver nach Kalispell gefahren bin. Wohl noch nie hat eine Reise bei mir einen so tiefen Eindruck hinterlassen, und ich meine, das liegt am Zusammenwirken mehrerer Dinge: Da ist die Sehnsucht, die mich losfahren ließ, die Tatsache, dass ich ohne Begleitung gereist bin, und, natürlich, die Gelegenheit, den Menschen zu begegnen, denen ich begegnet bin. Aber vor allem: dass ich auf dieser Reise sozusagen mit Stille getauft wurde.

Am 22. Oktober 2018, wenige Monate nach unserer Begegnung, starb Eugene Peterson. An diesem Tag schrieb ich meinem Freund Don: »The Kingfisher has landed« – »Der Eisvogel ist gelandet.« Eugenes Familie schilderte in einer Mitteilung an Freunde, dass er sich in seinen letzten Tagen auf dem schmalen Grat zwischen Himmel und Erde bewegt habe. Sie hatten ihn mit Menschen sprechen gehört, von denen man annehmen darf, dass sie ihn im Paradies willkommen hießen. Und es gab Augenblicke, in denen er an seine pfingstkirchlichen Wurzeln anknüpfte und in Zungen sprach. Seine letzten Worte waren: »Let's go.«

Einige Monate später breitete auch seine Frau Jan ihre Flügel aus zum Flug in eine andere Welt, eine Welt, zu der sie schon ihr ganzes quirliges, lebendiges Leben lang unterwegs war. Sie hatte sich gewünscht, dass, wenn anlässlich ihres

Begräbnisses Spenden zusammenkämen, diese zugunsten von Wasservögeln in Montana verwendet werden sollten, Arten, die vom Aussterben bedroht sind.

Über meinem Schreibtisch hängt ein gezeichnetes Bild von Eugene Peterson. Ich habe es von Jan bekommen, die mir dazu sagte, dass sie diese Karte habe drucken lassen, um allen Menschen, die Eugene schrieben, zu danken, sie aber auch zu informieren, dass er nicht mehr in der Lage sei, ihnen zu antworten. Neben seinem frohen Gesicht steht »Thanks«.

Und manchmal, wenn ich mich an den Schreibtisch setze, um eine Rede zu schreiben oder eine Predigt, wenn ich Leistungsdruck oder Stress spüre, dann schaue ich auf sein Bild und kehre in Gedanken zurück zu seinem Haus an dem großen See. Alles bekam in diesen Tagen seinen Platz, so schien es mir. Wir richteten uns in einer Ecke des Hauses ein, dicht neben der Treppe, an einem Platz, der eigentlich eher als Leseecke für eine einzelne Person gedacht war. Eugene nahm im Sessel Platz, und ich setze mich auf den dazugehörigen Fußschemel. Aus dem Raum nebenan konnte ich die Stimmen von Don und Jan hören. Sie redeten über das Erscheinen von Jans Buch *Becoming Gertrude*, ihrem Debut – mit 82 Jahren.

Das Gespräch in unserer Zimmerecke entwickelte sich tastend. Ich fragte den alten Mann vor mir, ob es im See Eisvögel gebe. Er antwortete, es gebe welche, aber man bekomme sie selten zu Gesicht. Aber natürlich, er hatte welche gesehen, an der Sandbank. Dann wieder Schweigen. Ich habe alles mit dem Handymikrofon aufgenommen. Es verblüfft mich, wenn ich die Aufnahme anhöre und merke, dass die Stille nichts Bedrückendes hatte.

Auf meinem Schoß lag das Buch mit seinen Predigten. Auf dem Umschlag sieht man einen Eisvogel, der sich in die Luft erhebt, um ins Wasser hinunterzustechen. Das Besondere am Eisvogel ist ja, dass man ihn meist erst sieht, wenn er sich bewegt und von einem Sonnenstrahl getroffen wird. Solange er im Schatten sitzt auf irgendetwas Grünem, das ins Wasser ragt, ist sein Federkleid eher Tarnung als bunte Pracht, weshalb er so schwer zu entdecken ist. Es gelingt auch selten, ihn genau dann zu sehen, wenn er wie ein türkisfarbenes Geschoss mit hohem Tempo vom Wasser in die Höhe schnellt. Doch dann bewegt er sich, das Licht trifft ihn, ein stahlblauer Blitz geht durch die Luft – und er ist weg.

»Das gelbe, rote, braune oder orangefarbige Gefieder der Vögel geht auf das Pigment im Keratin zurück. Blau erscheint das Gefieder, wenn sich das Licht in ihm bricht. Unter dem Mikroskop erkennt man, dass der sogenannte Bogenstrahl, der feinste Teil der Feder, der dünner ist als ein menschliches Haar, beim Eisvogel in allen denkbaren Nuancen schimmert, ähnlich dem Wasser in einem tropischen Meer. Feine Teile der Federn bilden Strukturen, die das Licht in saphirblauen oder smaragdgrünen Abstufungen reflektieren«, schreibt Hanna Holmes 2010 im *National Geographic*.

Ich vermute, dass es das ist, was Eugene Peterson so oft gerade über diesen Vogel schreiben ließ. Es hat mit einem ungeteilten Leben zu tun. Der Einheit von Sein und Tun. Ein Eisvogel tut das, wozu er geschaffen ist. Das ist alles. Es war nicht schwer, diesen Zusammenhang zu erkennen, während ich auf dem Hocker saß und diesen alten Mann betrachtete. Wie er dasaß und über den großen See blickte, in dessen Nähe er aufgewachsen war, nah an dem kleinen Ort, in dem sein Vater als Metzger gearbeitet hatte und in dem der größte Teil seiner Kunden, zumal an Samstagen, amerikanische Ureinwohner gewesen sein dürften.

An diesem See hatte er Sonnenaufgänge und Sonnenuntergänge beobachtet, See- und Eisvögel.

Es hat mit einem ungeteilten Leben zu tun: Ein Eisvogel tut das, wozu er geschaffen ist. Das ist alles.

Er hatte sich von allem Großformatigen abgewandt. Megakirchen waren nichts für ihn. Er wäre ein Quotenbringer für christliche TV-Kanäle gewesen, aber er wollte nicht. Er schlug seinen Nagel ein, wie wir im Schwedischen sagen: Er blieb dem treu, was er als seine Berufung verstanden hatte. Die Botschaft war seine Lebensaufgabe – *The Message*.

Dass man ihm so huldigt, wie ich das hier tue, hätte ihm sicher nicht gefallen. Aber vielleicht huldige ich ihm ja gar nicht, sondern ehre ihn nur. Ich will den Mann ehren, der die ganze Bibel in die Sprache und in die Bilder von heute übertragen hat, der sich in 20 Jahren langsamer und weitsichtiger Arbeit bemüht hat, die uralten Texte modernen Leserinnen und Lesern zugänglich zu machen. Und wie er das getan hat!

Ich lese jeden Morgen einen kurzen Abschnitt aus *The Message*. Für mich ist das eine Weise, den Raum um mich zu weiten, eine Hilfe, um den Blick nicht auf den Boden zu meinen Füßen fixiert zu halten.

God's glory is on tour in the skies,
God-craft on exhibit across the horizon.
Madame Day holds classes every morning,
Professor Night lectures each evening.
Their words aren't heard,
their voices aren't recorded,
But their silence fills the earth:
unspoken truth is spoken everywhere.

Gottes Herrlichkeit erscheint am Himmel,
göttliche Kunstwerke wie eine Galerie am Horizont.
Frau vom Tage führt morgens durch die Ausstellung,
Professor Nacht lehrt jeden Abend.
Man kann nicht hören, was sie sagen,
geschweige denn es aufzeichnen,
doch ihre Stille erfüllt die Erde:
Unausgesprochene Wahrheit wird in alle Welt getragen.

Psalm 19,1-4, The Message

Eugene verbrachte sein Leben in der Lehranstalt der Schöpfung, einer höheren Schule, die jeder besuchen kann, egal, wo auf der Welt er lebt. Auch wir in unserem Land der scharfen Kontraste zwischen den Jahreszeiten, mit Nordlicht, Polarnächten und still fallendem Herbstlaub in allen Nuancen zwischen Rot und Gelb.

7

Sinneswandel und Umkehr

Es wurde Sommer, es wurde Herbst und schließlich Winter. Im Herbst und Winter hatte ich heftige Schmerzen, aber dann wurde ich endlich am Rücken operiert – ein Lendenwirbel wurde versteift –, und schließlich folgten sechs Wochen Ruhe.

Am 16. Mai 2019 bekam ich eine Mail von Don:

> Lieber Tomas, kaum zu glauben, aber es ist erst ein Jahr her, dass du mit deinem Cadillac in Colorado Springs eingefahren bist. Was für schöne Erinnerungen, mein Bruder! Und jetzt, genau ein Jahr später, ist Eugene von uns gegangen, und nun werden wir auch Jan beerdigen. Die Trauerfeier wird am 25. Mai stattfinden, beim *Flathead Lake Bible Camp*. Wenn ich die Fotos anschaue und unsere gemeinsamen Tage noch einmal durchlebe, kann ich kaum glauben,

dass sie beide nicht mehr bei uns sind. Es ist wirklich schwer zu fassen. Ich sende dir viele Grüße und hoffe, dass es euch allen gut geht.

Don

Ich antwortete sofort und bedankte mich noch einmal für die Tage in Colorado und Montana und erzählte ihm, dass seine Mail mich genau in der letzten Phase einer sehr stillen Zeit in meinem Leben erreicht habe und dass ich nun hoffentlich dem Ende von drei Jahren ständiger Schmerzen entgegensähe. Ich berichtete ihm auch, dass ich kurz vor der Operation meine alte Mutter verloren hatte und dass dieser Verlust schwerer gewesen sei, als ich es erwartet hatte.

Ich erzählte Don, wie sehr ich sie vermisste, wie ich die fast täglichen Gespräche vermisste – anrufen zu können, um ihr schöne Erlebnisse zu erzählen, zum Beispiel, dass ich einen neuen spannenden Auftrag bekommen habe. Daraufhin sagte sie nämlich jedes Mal: »Wie nett die alle zu dir sind!« Ich erzählte ihm aber auch, dass ich mich seit ihrem Tod mit einem schlechten Gewissen herumschlug, obwohl es dafür keinen vernünftigen Grund gab. Dass ich mir vorwarf, meine Mutter nicht oft genug besucht zu haben, dass ich nicht begriffen hatte, wie schlecht es ihr schon ging, dass ich eine Stunde früher an ihr Sterbebett hätte kommen sollen. Dass ich es noch vor ihrem Tod geschafft hatte, sie mich erkannte, meine Hand spürte, die ihre Hand umfasst hielt, dass sie dann aber einschlief, ohne dass wir noch einmal Kontakt aufnehmen konnten, und dass ich mir deshalb bis heute nicht sicher sei, ob sie wusste, dass ich bis zuletzt bei ihr war. Ich schlief neben ihrem Bett, und um drei Uhr in der Nacht schlich sie sich davon.

Ich beschrieb Don, wie ich nun selbst all die Dinge erlebte, bei deren Bewältigung ich normalerweise anderen trauernden Menschen zu helfen versuche. All die »Hätte ich doch …«. Und ich erzählte ihm auch, dass es mein kluger Sohn John war, der mich von den Schuldgefühlen erlöste, die zum Tod einer Mutter wohl immer dazugehören.

Als ich nach der Beerdigung wieder zu Hause war, stand die Rückenoperation an. Aus dem Krankenhaus kam ich an einem der ersten Apriltage zurück. Es war warm und trocken. Wenn es nicht in der Mitte des Monats ein paar eiskalte Tage gegeben hätte, wäre dieser April Schwedens Allzeit-Wärmerekordhalter geworden. Ostern feierten wir bei hochsommerlichen Temperaturen, und die erste Gewitterfront zog auf, als der April in den Mai überging. In diese Zeit fiel meine erzwungene Ruhe. Ich hieß sie von ganzem Herzen willkommen.

Stille führt zu einem Gespräch – zu dem, was ich Gebet nenne.

Wenn ich jetzt lese, was ich Don damals schrieb, verstehe ich, dass diese Wochen mir endlich die Möglichkeit gaben, einmal gründlich auszuruhen. Nach der USA-Reise hatte ich mich in die Arbeit gestürzt, ohne je richtig zur Ruhe zu kommen. Die lange Zwangspause bot mir jetzt die Chance, die große äußere Ruhe, die ich erlebt hatte, in etwas Alltägliches zu verwandeln. Von einem einmaligen Erlebnis hin zu einer Art, mein Leben zu gestalten. Die Wyoming-Erfahrung wollte sozusagen auf den schwedischen Acker übertragen werden. Ich entdeckte einmal mehr, wie stark der Zusammenhang zwischen Natur und Stille ist und dass Stille zu einem Gespräch führt – zu dem, was ich Gebet nenne. Oder, wie John Cage schreibt: »Stille ist kein akustisches Phänomen, sie ist ein Sinneswandel, eine Umkehr.«

Zwischen unserem Haus und dem angrenzenden Wald steht unser Gewächshaus. Drinnen gibt es eine alte Bank, die ich mit einem Polster und einem Kissen ausgestattet habe. Morgens aß ich mein Frühstück im Stehen, machte einen langen Spaziergang, legte mich dann auf die Bank und blieb dort mehr oder weniger den ganzen Tag liegen. Mal schlief ich, mal hörte ich dem Gesang der Vögel zu, der im Frühjahr am lebhaftesten ist.

Meine Physiotherapeutin hatte mir als wichtigste Anweisung für die Genesungszeit mitgegeben, jeden Tag mit Gehen zu beginnen. Nicht mit Sitzen. Auf ihren Rat hin frühstückte ich also nun im Stehen und machte dann einen Spaziergang, erst kurz, dann nach und nach ausgedehnter. An den ersten Tagen schaffte ich den kurzen Weg bis zum Bahnhäuschen und dann zurück am kleinen Laden vorbei. Nach einiger Zeit erweiterte ich meine Wanderung auf eine Stunde und ging durch den Wald zwischen Säve und Djupedal. Mein gewohntes Morgenritual – der Tagesbeginn im Lieblingssessel in einer Ecke meines Arbeitszimmers – musste einem bewegten, aber nicht minder stillen Start in den Tag weichen.

Jeden Tag machte ich an einer bestimmten Stelle ein Foto mit meiner Handykamera, immer genau dort, wo der Wald endet und der Weg nun von beiden Seiten von Getreidefeldern gesäumt wird. Wenn ich mir die Bilder nacheinander ansehe, erzählen sie die Geschichte der Verwandlung einer Landschaft, die jedoch in so kleinen Schritten geschieht, dass man den Unterschied von einem Tag zum anderen nicht erkennt. Und doch ist sie schön, wenn ich auf den Prozess als Ganzes schaue.

Im Laufe dieser Wochen dachte ich oft an meine Mutter, an die Geschichte, die wir miteinander hatten, und an alles, was mir auf dem Parkplatz in Montana wieder in den Sinn gekommen war. Ich dachte an mein Zusammensein mit Eugene Peterson und seiner Frau Jan. Ich las noch einmal in seinem Buch *Answering God*, notierte mir einige Jahreszahlen und entdeckte, dass ich jetzt genauso alt war, wie er war, als er dieses Buch schrieb. Nie habe ich es deutlicher empfunden, nie habe ich tiefer verstanden, dass auch ich jetzt die Früchte ernten darf, die durch das Leben und die Gebete meiner Eltern gesät wurden.

In der Stille verbinden sich Dinge, die ich schon wusste, über die ich aber schon lange nicht mehr nachgedacht hatte, zu einem langen Band. Sie fügen sich zusammen. Erinnerungen und Gefühle beleuchten sich gegenseitig. Damals und heute, Lebende und Tote, Großes und Kleines. Alles berührt einander, und in der langen ununterbrochenen Stille erkennt man Muster in dem, was man bis dahin nur als Fragment gesehen hat. Die deutlichsten Muster erkennt man vielleicht in der Beziehung zwischen der Natur, die einen umgibt, und der Stille. Ich denke noch einmal an Gordon Hemptons Satz, dass die Stille der Ort der Begegnung ist zwischen uns und der Natur, die uns umgibt.

An warmen Tagen lege ich mich auf eine Gartenliege hinter dem Gewächshaus. In der alten Kiefer, deren zwei Stämme sich zu umschlingen scheinen, knarzt es. Ich höre, wenn die Schranken auf der anderen Seite des Dorfs sich senken und der Zug durchfährt. Aber vor allem höre ich den Gesang der Vögel.

Vogelgesang ist wohl der komplexeste Laut der Tierwelt. Allein in unserem kleinen Wald gibt es unzählige Variationen. Es heißt, der Gesang der Vögel ähnele von allen Lauten der Natur aufgrund seines Tonumfangs am ehesten der menschlichen Stimme. Dass wir diese Laute für Gesang halten, könnte ein Ausdruck unserer Sehnsucht sein – und unserer Verwandtschaft mit der Natur.

Vögel singen bekanntlich nicht, um uns Menschen eine Freude zu machen; dass wir ihren Gesang so interpretieren, ist aber ein Nebengewinn. Mit ihrem Gesang und allen anderen Lauten markieren sie ihr Revier, eine Art klangliches Einzugsgebiet, und sie verständigen sich untereinander. An erster Stelle dient ihr Gesang aber dazu, potenzielle Partner anzuziehen, also letztlich der Fortpflanzung.

In unseren Breitengraden ist es vor allem Monsieur, der singt, und Madame, die aus allen, denen sie zuhört, den geeignetsten Partner wählt. Ein ausdauernder Gesang zeugt von Stärke, und seine Melodie verrät etwas über die Gene.

Vielleicht sagt es ja mehr über uns als über sie, dass wir ihre Vogellaute als Gesang auffassen?

Wie auch immer, ich ließ in diesen Wochen die Tage in ihrem eigenen Rhythmus kommen und gehen. Ich empfing den Tag und ließ ihn wieder gehen, alles auf eine Weise, wie ich es seit Jahren nicht mehr hatte tun können. Ohne Eile und ohne das Gefühl, eigentlich gerade etwas anderes tun zu sollen. Ich begab mich in dieser Zeit in die Gesellschaft einiger Autoren, die im Grenzgebiet zwischen Natur und geistlichem Leben wirkten. Einigen von ihnen dürfte es vielleicht nicht gefallen, dass ich sie hier in diesem Grenzgebiet platziert habe, aber sie sind in diesen Wochen nun mal in mein Leben getreten: Gunnar Brusewitz, Gunnar Edman, Stefan Edman, Rolf Edberg und, ebenso wichtig, Gilbert White, Isaac Walton und Lord Edward Grey.

Ich ließ in diesen Wochen die Tage in ihrem eigenen Rhythmus kommen und gehen.

Mit Gilbert White habe ich die meiste Zeit verbracht. In meinem Buch *Den enklaste glädjen* (»Die einfachste Freude«), das 1998 erschien, findet sich die Nacherzählung seines Berichts von einem psychisch behinderten Jungen mit dem Spitznamen *the idiot boy*. Bienen waren seine Nahrung, seine Freude und sein einziges Interesse. White erzählt von diesem Jungen ohne jeden Anflug von Herablassung oder Mitleid, schildert seine Jagd nach »Bienenwein« und sein kurzes Leben. »Das Kerlchen war ein richtiger *Merops apiaster*«, schreibt er. Der auf Latein so bezeichnete Vogel ist der farbenfrohe, schöne Bienenfresser, wie er bei uns heißt. Whites Buch *Die Erkundung von Selborne durch Reverend Gilbert White. Eine illustrierte Naturgeschichte* ist seit 1789 in mehr als 150 Auflagen auf Englisch erschienen. Es ist eine weit ausholende Schilderung der Natur, die von einer solchen Nähe zu ihrem Gegenstand zeugt, dass sie die Lektüre zu einem geistlichen Erlebnis macht. White war Sohn eines Pfarrers, sein Großvater war auch schon Pfarrer gewesen, und es schien also ausgemacht, dass Gilbert denselben Weg beschreiten sollte. Der interessierte sich jedoch überhaupt nicht für Theologie. In den Aufzeichnungen, die vom jungen Gilbert erhalten geblieben sind, geht es darum, wann die Wildgänse zu ihrem Winterquartier Richtung Süden aufbrechen, oder um das Datum des ersten Kuckucksrufs.

Und doch wurde er schließlich Pfarrer, aber Lehre und Sakrament scheinen im Leben des geistlichen Herrn keine große Rolle gespielt zu haben. Dennoch wusste er um seine Berufung in den Dienst Gottes. Einmal schrieb er, er wisse nun, wo Gott das deutlichste Zeichen seiner Weisheit und Macht gegeben habe: »Man findet es im Bau und in der farbigen Zeichnung des Prachttauchers.« Das war sein Glaube. Seinen Pfarrdienst versah er mit aller Ruhe; die meisten Aufgaben delegierte er. Die Naturstudien nahmen all seine Zeit in Anspruch. Bei den Vögeln fand er die Andacht, die er unter Menschen nur schwer fand.

Ein Zeitgenosse sagte von White, er sei ein Mann gewesen, »der nichts brauchte«. Die Wälder von Selborne, ihr

Gestrüpp und ihre feuchten Wiesen, ihre Vögel, Insekten und Pflanzen, die armen und einfachen Menschen auf der Dorfstraße – das war die reiche und unausschöpfliche Wirklichkeit, über die nachzudenken ihn vollkommen glücklich machte.

Ein später Erbe von Gilbert White war Lord Edward Grey, zwischen 1905 und 1916 Großbritanniens Außenminister. In seinem Klassiker *The Charm of Birds* von 1927 beschreibt er, wie er an einem Julimorgen in Fallodon/Northumberland im nordöstlichen England auf einer Parkbank an einem Teich sitzt. Es ist ganz still, nicht die kleinste Bewegung auf der Wasseroberfläche, bis plötzlich eine Gruppe Enten verschiedener Art auf dem Wasser landet und zu spielen beginnt. Aus keinem anderen Grund, so scheint es ihm, als aus reiner Lebensfreude. Nach einer Weile fliegen die Enten weiter, der kleine See findet zu seiner Ruhe zurück, und Edward Grey schreibt: »Es gibt Momente, in denen das Bewusstsein eines Menschen in einem Großen und Ganzen zur Ruhe findet, etwas, dessen Teil es geworden ist. Es gibt Stunden, von welchen man sagen kann: Da sind keine Gedanken mehr, sie sind in Freude eingeschlafen.«

Ich glaube, genau das ist es, was ich gleich hinter dem eigenen Haus erleben durfte. Dass mein normales Denken, das normalerweise wie auf blanken Schienen läuft, für eine Weile frei wurde. Oder, um es mit der Sprache des Ackerbaus, in der ich diese Ruhe erlebte, zu sagen: Es durfte brachliegen.

Aber wie bewahrt man so etwas? Wie verwandelt man ein solches Erlebnis in einen täglichen Impuls oder Rhythmus? Ich setze meine Reise fort, aber jetzt nicht mehr Richtung Wyoming oder Montana, sondern hin zu mir selbst und in mein eigenes Zuhause. Ich tue das in Begleitung wegweisender Menschen, die aus der Stille aufgestiegen sind und die unsere aktuellen Probleme besser erfassen als meine gehetzten, fiebrigen Zeitgenossen. Ich leihe mir hier und da ihre Sprache, um etwas auszudrücken, das schwer in Worte zu fassen ist, das aber Lord Grey doch einzufangen gelang: »in einem Großen und Ganzen zur Ruhe finden«.

8

Aus der Stille wächst das Gebet

Am 14. September 2015 konnten zwei Gravitationswellen-Detektoren des LIGO (*Laser Interferometer Gravitational-Wave Observatory*) in Livingstone/Louisiana und in Hanford/Washington zum ersten Mal die Existenz von Gravitationswellen durch sogenannte »Kräuselungen« der Raumzeit nachweisen. Der Durchbruch bestätigte genau 100 Jahre später eine der Aussagen in Albert Einsteins Relativitätstheorie aus dem Jahr 1915 und öffnete ein neues Fenster ins Universum. Gravitationswellen ermöglichen nämlich Rückschlüsse auf dessen Entstehung. Tausend Forscher arbeiten an dem Projekt, das vor allem von der US-amerikanischen *National Science Foundation* getragen wird. Die beobachtete Vibration ist nach ihrer Erkenntnis darauf zurückzuführen, dass zwei schwarze Löcher 1,3 Milliarden Lichtjahre von uns entfernt kollidierten.

Gravitationswellen sind der Grund dafür, dass das Universum sich ausdehnt, und sie sind nicht nur zu spüren, sondern auch zu hören. Könnten wir alle Töne des Universums, vom schwächsten bis zum stärksten, aufzeichnen und hören, würden sie uns wie Musik erscheinen. »Wie Vogelgezwitscher im Wald«, schreibt die *Schwedische Akademie der Wissenschaften* in ihrer Begründung für den Nobelpreis für Physik 2017, den die drei führenden Wissenschaftler bekamen, die hinter dem Durchbruch standen.

Die populärwissenschaftliche Version der Nobelpreisbegründung zu lesen, herausgegeben von der Akademie, hat mich regelrecht beglückt. Als ich mir klargemacht hatte, was dieser Text bedeutet, wusste ich, dass ich ein Sinnbild und möglicherweise auch eine Sprache gefunden hatte, um über Stille, Vertiefung geistlichen Lebens und Gebet zu schreiben. Ich wollte mir dafür eine Sprache erobern, die nicht abgedroschen und überstrapaziert ist, auch nicht für jene Menschen, für die das geistliche Leben etwas ist, das wie selbstverständlich zu ihnen gehört. Ich wollte von einem »kosmischen Zwitschern« sprechen, wie Vogelgesang im Wald. Alles müsste da sein: Unendlichkeit, Gesang, Vögel, unfassbare Räume, die Fähigkeit, das fast Unhörbare zu hören, Lebenslust und Spiel und schwarze Löcher, die kol-

> *Könnten wir alle Töne des Universums hören, würden sie uns wie Musik erscheinen.*

lidieren und in großer, großer Ferne ein Freudenbeben auslösen.

Der Weg von der Stille zum Gebet ist nicht weit. Aber wir haben einen weiten Weg daraus gemacht, und das hat mit einer Sorge zu tun: Das Wort »Gebet« wird leicht zu etwas Trennendem. Manche führen es ganz selbstverständlich im Mund, es gehört zu ihrem Vokabular, weil sie wie ich in einer Gemeinschaft aufgewachsen sind oder immer noch zu ihr gehören, die ohne Probleme über das Beten spricht – oft so, dass die anderen es deshalb als Möglichkeit für sich selbst ausschließen.

Aber das Gebet ist nichts Merkwürdiges und eigentlich auch nichts Schwieriges. Es geht nur darum, die Form des Betens zu finden, die zu einem passt. In der Landschaft des inneren Lebens gilt das geistliche Jedermannsrecht. Martin Luther definierte das Gebet als »Reden des Herzens mit Gott«. In dieser Definition findet sich Raum für uns alle. Ich treffe auf immer mehr areligiöse Beter. Damit meine ich alle Menschen, die sich selbst nicht als religiös, kirchlich oder christlich beschreiben würden, die aber die Welt des Gebets für sich entdeckt haben und sich die Freiheit nehmen, auf ihre eigene Weise zu beten. Das ist erfrischend und erfreulich. Jeder neue Beter erweitert den Begriff des Gebets; da sind der Fantasie keine Grenzen gesetzt.

Manchmal frage ich mich, wie mein Leben ausgesehen hätte, wenn ich nicht entdeckt hätte, dass ich beten kann. Wenn ich keinen Zugang gefunden hätte zu Seufzern, zu einer Art Small Talk mit Gott, der manchmal wie ein Selbstgespräch klingt, auch zum Rufen, dem lauten wie dem leisen – was wäre dann wohl gewesen?

Ich begegne oft Menschen, die über ihr eigenes Beten abschätzig sprechen und dabei Dinge sagen wie: »Aber ich bin echt alles andere als ein Heiliger.« Beten tun nur die Frommen, soll das wohl heißen. Mich macht es jedes Mal traurig, wenn ich auf dieses Missverständnis treffe, und ich fürchte, dass ich zu denen gehöre, die daran eine Mitschuld tragen. Weil wir vom Gebet so einengend und exklusiv gesprochen haben, dass seine Definition nur auf uns selbst passt. Wenn das zutrifft, dann bitte ich um Vergebung. Wenn es irgendetwas gibt, wovon ich überzeugt bin, dann ist es die Tatsache, dass es außerhalb der Kirche mindestens so viel Glaube gibt wie innerhalb der Kirche und dass gerade dort gebetet wird, wo man es am wenigsten meinen sollte. Nein, man muss sicher nicht religiös sein, um zu Gott zu beten. Wir müssen das Gebet als ein Menschenrecht betrachten.

Manchmal frage ich mich, wie mein Leben ausgesehen hätte, wenn ich nicht entdeckt hätte, dass ich beten kann.

Als der junge Mann im Film *Il Postino* seinen spottenden Freunden erklären soll, warum er um die schönste Frau des Dorfes mithilfe eines Gedichts von Pablo Neruda wirbt, also mit den Worten eines anderen, sucht er den Dichter auf, der gerade im Leinenanzug am Strand entlangwandelt. Er schüttet ihm sein Herz aus und fragt, ob sein Werben auch dann gültig sei, wenn die Worte nicht von ihm selbst stammten. Und Neruda antwortet: »Gedichte gehören nicht dem Dichter, sie gehören dem, der sie braucht.«

Das stimmt auch für unsere Gebete. Darüber habe ich in *The Muddy Buck* mit Philip Yancey gesprochen. Das Gebet ist der größte Schatz des Glaubenden, aber dieser Schatz gehört ihm nicht. Er gehört niemandem. Jeder hat das Recht, sich dem Gebet zu nähern, von wo aus auch immer. Das Gebet ist nicht von Verbotsschildern umstellt. In der Welt des Gebets kann man – im übertragenen Sinne natürlich – zelten, angeln und Feuer machen. Man muss sich nur trauen, dieses Gelände zu betreten, dann kann man feststellen, dass man Teil von etwas Größerem ist, Teil von etwas, das man selbst nicht errichtet oder geordnet hat. Und dann wird man ganz von selbst still – eine Reaktion auf diese besondere Umgebung, die man ernst nehmen sollte.

Das ist überhaupt eine wichtige Beobachtung: Wenn man in den Wald geht oder von einem stillen Weiher zurückkommt, fällt auf, dass man weniger spricht und stiller ist. Es ist diese Stille, die auf viele unserer Fragen nach dem Wie des Gebets antwortet, Fragen, an denen wir uns sonst leicht festbeißen: Wie soll man denn beten? Wie beginnen? Was sagen? Bevor wir uns mit dieser Art von Fragen befassen – Fragen, auf die wir gern eine schnelle Antwort hätten, damit wir schnelle Fortschritte machen können –, müssen wir still werden. Das heißt nicht, dass wir auf alle Fragen einen Deckel pressen, sondern eher, dass wir alle Türen und Fenster öffnen.

Eine der wichtigsten Grundfragen lautet: Wer suchte nach wem? Es geht um das »Bevor« oder »Ehe«, um den Auftakt, und das ist keine Kleinigkeit, sondern entscheidend: Die Einleitung der Erzählung von unserem Kontakt mit Gott darf nicht untergehen. Wie begann die ganze Geschichte? Es ist beruhigend zu wissen, dass es Gott war, der die Begegnung mit uns eingefädelt hatte, der am Treffpunkt wartete, der alles vorbereitet hatte, sodass es möglich wurde, im Gebet Ruhe zu finden.

Und dann erlebt man, dass das Gebet zu einer anderen Kategorie gehört als all die Dinge, die auf meiner To-do-Liste stehen. Da es Gott ist, der die Begegnung sucht, reicht es, dass ich mich am Treffpunkt einfinde. Tagesordnungspunkte gibt es nicht. Vorbereiten muss ich mich nicht. Ich komme, wie ich bin, unfrisiert, als hätte mich einer gerade eben aus dem Bett geholt, wie man in meiner Heimat Ådalen sagt, wenn jemand im Schlabberlook auftaucht, weil er keine Zeit oder Lust hatte, sich fein zu machen.

Plötzlich ahnen wir, dass es in der Welt des Gebets gar kein Gelingen und Misslingen gibt.

Wie wir es tun und wie es uns gelingt oder misslingt, hat plötzlich nur noch untergeordnete Bedeutung. Mehr noch: Plötzlich ahnen wir, dass es in der Welt des Gebets gar kein Gelingen und Misslingen gibt. Wenn wir da sind, sind wir da, und damit ist unser Beitrag auch schon »geleistet«. Das Schlüsselwort ist nämlich genau dieses »Bevor« oder »Ehe«. Der Anfang ist entscheidend, genauer: was vor dem

Anfang geschah, bevor wir uns entschlossen hatten zu beten. Das Gebet begann nicht in dem Moment, als ich den Impuls zu beten verspürte – ich muss weiter zurückgehen, in die Zeit, ehe es so weit war. Es fing noch nicht einmal damit an, dass ich irgendwann im Laufe meines Lebens auf den Gedanken kam, dass Beten vielleicht möglich ist – ich muss noch weiter zurückgehen, in die Zeit davor. Es begann auch nicht mit meiner Zeugung und Geburt – ich muss noch weiter zurückgehen, in die Zeit davor.

In einer englischen Übersetzung von Psalm 39 lese ich zur Ankunft eines Menschen in der Welt: »My body was no mystery for you.« Es gibt ein »Bevor« für uns. Selbst wenn wir an den schwindelerregenden Moment denken, in dem die Welt erschaffen wurde, erreichen wir nicht den Beginn unserer Geschichte. Als der herumreisende Apostel Paulus in der Weltstadt Rom im Gefängnis saß und seinen Freunden in Ephesus schrieb, um die er sich sorgte, die er in seinen Gebeten vor Gott brachte und die er in seinen Briefen ermutigte, da schrieb er, dass sie erwählt worden seien, »ehe der Welt Grund gelegt war« (Epheser 1,4).

Es beginnt nicht alles mit mir oder mit uns. Alles beginnt lange zuvor. So lange, dass einem schwarz vor Augen werden könnte. Ganz deutlich erkennen wir einen Liebesgedanken, so etwas wie einen Setzling auf Gottes Fensterbank, den er hegt und pflegt, bis zu dem Moment, wenn die Zeit gekommen ist. Äonen sind seitdem vergangen, und gleichzeitig ist alles neu. Das Signal wurde schon vor Urzeiten gesendet.

Es gehört zu uns wie die Gravitationswellen, wir sind Verzerrungen in der Raumzeit.

Bevor wir also den Mund aufmachen, ist es weise, noch mal kurz zurückzuspulen. Gott ist schon da. Er wartet dort schon lange. Der Tisch ist schon längst gedeckt, alles ist bereit. Ich glaube, das ist die Einsicht, aus der heraus man beginnen muss. Blaulicht-Gebete, Notrufe und Small Talk sind immer willkommen. Aber für einen Menschen, der ein Vertrauensverhältnis zu Gott aufbauen will, eine Beziehung, die zugleich Puls und Anker seines Lebens ist, für diesen Menschen ist der Anfang wichtig.

Jesus selbst brachte es auf den Punkt: »Nicht ihr habt mich erwählt, sondern ich habe euch erwählt« (Johannes 15,16). Wenn die Bibel von dem Geheimnis erzählt, das der Mensch ist, dann tut sie es so, als würde Gott den Menschen an die Hand nehmen und mit ihm ein paar Schritte zurücktreten, bis der Mensch das Bild in der richtigen Größe sieht. Tatsächlich ist all unser Beten eine Antwort auf das, was bereits gesagt wurde. Es geht also darum, all die seltsamen Vorstellungen abzubauen, die uns durch die verschiedenen Epochen und religiösen Stilrichtungen hindurch haben glauben lassen, es ginge um uns und das, was wir bewerkstelligen. Wir sind es, zu denen Kontakt aufgenommen wurde! Vom Beginn der Zeiten, als alles noch ein unför-

Vom Beginn der Zeiten, als alles noch ein schwarzes Nichts war, ist die Stimme ausgegangen, die uns ruft.

miges, schwarzes Nichts war, ist die Stimme ausgegangen, die uns ruft. Der Gott, der das Licht rief, ruft auch uns.

Ich gebe gern zu, dass ich das nicht immer erkenne, wenn ich auf die Knie gehe, um zu beten. Aber es kommt vor, und wenn es vorkommt, dann sinkt mein geistlicher Pulsschlag, bis er zum Ruhepuls wird, der die Grundlage eines geistlichen Lebens ist.

Ich kann mir einen Tag ohne Gebet nicht vorstellen. Die zeitlich festgelegten Gebetszeiten und alle spontanen Gebete, alles, von plötzlichen Freudenausbrüchen zu bedrücktem Seufzen, schwer wie Blei. Und Proteste! Ja und Nein und Vielleicht und Aber hallo! Vaterunser und manchmal unzusammenhängendes Gemurmel, scheinbar belangloser Small Talk und wichtiger Big Talk. Seufzer und geheimnisvolle Wörter in einer Gebetssprache, die ich selbst nicht übersetzen kann. Aber ich will mehr. Ich weiß, dass ich bisher nur die ganz nahen »Planeten« berührt habe und dass es auf weiteren »Planeten« Leben gibt, fern da draußen.

Beten ist mehr als alles andere Hören. Es geht nicht um das, was ich tue, sondern um mein Vermögen, so still zu werden, dass ich den Klang der Stille höre, der sich dann als von Tönen erfüllt erweist – Tönen, die ich aber nur wahrnehme, wenn ich selbst still bin.

Ich versuche, so zu leben, und ich habe in den letzten Jahren bewusst Menschen aufgesucht – ob in der Nähe oder Ferne –, die mir wie Detektoren des »Zwitscherns« im Raum des Gebets erschienen. Es sind Menschen, die »gestimmt« sind, feinjustiert für den Empfang der schwachen Töne, die von der großen Schöpferkraft ausgehen, die hinter allem steht. Es war interessant festzustellen, dass diese Menschen einander kaum ähneln. Es gibt gemeinsame Nenner in ihrem Leben, aber frappierend ist die Ähnlichkeit nicht. Gemeinsam ist ihnen, dass sie Menschen sind mit einem Gespür für den kosmischen Tanz und dass sie den Mut haben, Ja zu sagen, wenn sie aufgefordert werden, dabei zu sein.

Die ersten Zeilen dieses Buchs habe ich an einem frühen Sonntagmorgen in meiner Lieblingsecke im Arbeitszimmer geschrieben, 2017, im Vorfrühling oder, wie wir in Schweden sagen, im Spätwinter. Ich konnte nicht schlafen, weil mich eine anstrengende und aufwühlende Indienreise aus dem Rhythmus gebracht hatte. Gemeinsam mit zwei Freunden hatte ich bei 44 Grad Celsius einige Hundert junge indische Pastorinnen und Pastoren getroffen. Jetzt war ich zurück, von Mücken vollkommen zerstochen und mit einem Herzen, das sich angesichts der schwierigen Situation und gleichzeitig der geistlichen Frische dieser jungen Menschen wie perforiert anfühlte. Unzählige Gespräche hatten mich begreifen lassen, in was für einer Luxussituation ich selbst lebe und arbeite. Und zugleich: wie arm ich bin.

Für uns im Westen ist das Gebet oft der letzte Ausweg, wenn alle anderen Möglichkeiten ausgeschöpft sind. Für sie ist das Gebet der einzige Weg. Ihnen fehlt alles, aber sie schwingen ihren Geist in die Welt des Gebets empor, als wäre das ein Leichtes. Schwerelos, frei und lebendig. Wir beteten zusammen, sie lauter als wir. Wir tanzten in dem heißen Zelt, in dem sie – 140 junge Männer und Frauen – zu ihrem Dienst ordiniert werden sollten. Tanzend drückten wir unsere Freude aus über die Bruder- und Schwesternschaft, die alle Grenzen sprengt. Es wurde überdeutlich: Sie haben etwas, das wir in der Müllhalde unseres Überflusses irgendwo verloren haben. Ich will es wiederfinden!

9

Am Anfang war der Sinn

Seit Wochen schon hatte es in Westschweden gestürmt und geregnet, und dieser Tag machte keine Ausnahme. Der morgendliche Regen hatte gerade ein bisschen nachgelassen, als ich mich ins Auto setzte, um nach Linköping zu fahren und meinen alten Freund zu besuchen, den emeritierten Bischof Martin Lönnebo. Martin ist inzwischen wirklich ein alter Freund im doppelten Sinne. Auf dem Rücksitz meines Wagens lag ein großer Blumenstrauß mit bischofsroten Tulpen in verschiedenen Schattierungen. Martins Geburtstag stand vor der Tür, und ich hatte festgestellt, dass ich beim Fest im Gemeindehaus in der darauffolgenden Woche nicht dabei sein konnte. »Mein alter Freund« – das bedeutete auch, dass wir nun fast dreißig Jahre befreundet waren. Wenn man etwas feiern sollte, dann das.

Martin und ich hatten uns 1993 in einem Fernsehstudio kennengelernt und sofort viele Gemeinsamkeiten festgestellt, nicht zuletzt unsere Erfahrungen im Leben mit behinderten Kindern. Das wurde unsere Gemeinsamkeit oder, wie Martin es ausdrückte, unser gemeinsamer Schmerzpunkt. Wir behielten den Draht zueinander, trafen uns hin und wieder, besuchten uns, arbeiteten gemeinsam an verschiedenen Projekten, tranken viel Kaffee miteinander, telefonierten und veröffentlichten schließlich unseren Briefwechsel 2005 unter dem Titel *Väder, vind & livets allvar* (»Wetter, Wind und der Ernst des Lebens«).

Es war ein merkwürdiger Tag. Außer Martin und mir war noch der Prophet Elia anwesend. Natürlich war der seit fast 3 000 Jahren tot, aber in Martins Nähe ereignet sich immer irgendetwas Ungewöhnliches. Darauf muss man gefasst sein.

Martin hat mein Schreiben an diesem Buch verfolgt und in einem Brief, der auf Februar 2018 datiert war, heißt es:

Heiliger Weg und heiliges Ziel des Gebets.
Beten bedeutet, Gott so nahe zu kommen,
dass er das Leben in unserem Leben wird.
Danke für unser Treffen neulich in Bjärka-Säby,
Bruder. Es war schön, von deinen Plänen zu hören,
vom Buch über das Gebet.
Du hast vielleicht Freude an Stina Andersson
und Britt G. Hallqvist, zwei fraulichen Frauen
und Autorinnen.
Siehe auch das Schwedische Gesangbuch,
Nr. 213 und 214.
Friede und alles Gute!

Martin

Ich hatte den Brief auf meinem Weg nach Linköping dabei, denn ich wollte gern mit Martin darüber reden, und außerdem musste er mir dabei helfen, einige seiner Hieroglyphen zu entziffern. Was mein Buch zum Gebet anging, so hatte ich von Anfang an beschlossen, dass dieses Buch die Zeit bekommen sollte, die es brauchen würde. Stille und Gebet sind Themen, denen Eile schlecht bekommt. Stille – die bewusste und gesuchte Stille – war in meinem eigenen Beten lange Zeit mehr oder minder unerforschtes Terrain. In der Pfingstbewegung, dem wortreichen und stimmgewaltigen Teil der Christenheit, in dem ich aufgewachsen bin, wurde dieser Teil der Gebetswelt nun auch wahrlich nicht betont oder hervorgehoben. Es war etwas, das ich erst im Laufe der Jahre entdecken durfte. Und deshalb liebe ich heute beides: das Gebetsbrausen wie den »leisen Hauch« (1. Könige 19,12).

Martin war mir ein guter Wegweiser auf meinem Weg hin zum »leisen Hauch«. Seine Kindheit und Jugend im nordschwedischen Västerbotten und die Frömmigkeit seiner Familie hatten dazu geführt, dass er die Stille sozusagen immer mit sich führte. Es gibt ja den Spruch: »Geh nicht in den Fußspuren der Alten, sondern suche, was sie suchten.« So machte es Martin. Er verwaltete sein geistliches Erbe so, dass es nach Storkågesträsk duftete, seinem kleinen Heimatort, aber gleichzeitig wagte er es wie wenige, dieses Erbe

Stille war in meinem eigenen Beten lange Zeit mehr oder minder unerforschtes Terrain.

auf eine neue Weise zu verstehen. Ohne Grenzen, offen und äußerst modern.

Ich machte mich an einem Montagmorgen auf den Weg nach Linköping; am Tag zuvor hatte ich in meiner Gemeinde, der Smyrnakyrka in Göteborg, gepredigt. Meine Predigt hatte die etwas rätselhafte Überschrift »Versteck dich am Bach Krit«. Ausgangspunkt war die alttestamentliche Geschichte vom Propheten Elia aus Tischbe in Gilead (1. Könige 17). Man findet in der Bibel wohl kaum eine Lebensgeschichte, die dramatischer ist als die von Elia, so dramatisch, dass der Autor des Jakobusbriefs extra anmerkt, dass er »ein schwacher Mensch wie wir« war (Jakobus 5,17).

Während ich nach Linköping fuhr, bewegte ich diese Geschichte noch im Kopf, und ich dachte daran, wie Elia auftrat und den König ermahnte, der eine Art Weltrekord im Abfall vom Glauben aufgestellt und gezeigt hatte, wie weit man gehen kann, wenn man sich gegen Gottes Gebot stellt. Wie er dem König mitteilte, dass es nicht regnen werde, bevor er, Elia, darum bitten würde. Ein heiliger Protest gegen Jahre schlechter Führung. Nicht nur schlecht im Sinne von fehlerhaft, sondern im Sinne von böse. Schließlich befahl Gott dem Propheten, aufzubrechen und sich am Bach Krit östlich des Jordans zu verstecken. Elia wurde dort »all inclusive« versorgt: Die Raben brachten Essen, und zu trinken gab es das Wasser aus dem Bach. Wie lange Elia dort blieb, wird nicht erzählt. Vermutlich ziemlich lange.

Als ich am Vätternsee Richtung Östergötland vorbeifuhr, stürmte es so stark, dass mein Auto schwankte. Bei meiner Ankunft stand Martin schon an der Tür. Ich hatte Kaffeegebäck mitgebracht, und Martins Frau Britt-Louise, Martin und ich tranken erst einmal Kaffee. Wir sprachen über Gott und die Welt, aber schon bald sagte Martin, dass er eine kleine Vorlesung vorbereitet habe. Für mich hieß das: schnell auf den Aufnahmeknopf meines Handys drücken und dabei sein.

Er begann, als hätte er ein Publikum von Theologie- oder Philosophiestudierenden vor sich: »Ich werde über etwas sprechen, das im Grunde nicht zu begreifen ist, weil unsere Sprache so mehrdeutig ist.«

Pause.

»Es ist erstaunlich, dass wir einander überhaupt verstehen.«

Wieder Pause.

Kein Wort zu viel. Messerscharf, geschliffen und gemeißelt durch ein langes Leben des Nachdenkens, Betens, Schreibens und Sprechens. Aber auch geschliffen durch ein Leben, zu dem große Zeiten der Stille gehörten.

»Wenn man an das Wort ›Stille‹ denkt«, sprach er weiter, »dann sind die einen für die Stille und die anderen dagegen. Aber was ist das für eine Stille, für die man ist, und was ist das für eine Stille, gegen die man ist? Und was hat die Stille zu tun mit der Welt der Klänge und Worte? Wenn es um den christlichen Glauben geht, heißt es ja immer, das Wort sei das Einzige, woran man sich halten soll, das Einzige, das zählt. Stille zählt nicht.

Ich habe in einem theologischen Nachschlagewerk das Wort Stille gesucht, und ich fand … nichts. Jedenfalls nichts Gescheites«, ergänzte er, und dann brach er in ein wunderbares Lachen aus, das deutlich machte, wie verrückt es ist, dass wir in der Welt des Glaubens und des Gebets die Verbindung zwischen Stille und Wort komplett verloren haben.

»Man kann nicht sagen, dass das Gebet das Wort voraussetzt; das Wort ist natürlich eine Hilfe, aber die Stille selbst kann auch Gebet sein. Es gibt das ›unaussprechliche Seufzen‹ des Heiligen Geistes (Römer 8,26). Es ist aber ja unaussprechlich, es kann nicht in Worte gefasst werden.«

In seinem Buch *Pärlälven* (»Perlenfluss«), Martins Buch über geistliches Perlenfischen, schreibt er, dass Gottes Stille die Außenbezirke aller Dinge mit ihrem Zentrum verbindet und dass man in dieser Stille »das heilige Brausen des himmlischen Perlenflusses« hören kann, des Flusses, der unsere tiefste Sehnsucht stillt.

Es ist verrückt: Wir Glaubende haben die Verbindung zwischen Stille und Wort komplett verloren.

Auf dem Vorsatzpapier unseres Exemplars hat Martin für unsere Familie zusätzlich zur Widmung noch ein PS geschrieben, und das ist genauso wichtig. PS bedeutet ja *post scriptum*, also nach dem Schreiben hinzugefügt, aber dieser Anhang zur Widmung ist eher ein kleines Vorwort. Dort steht: »PS. Der Perlenfluss kann gegen den Ångermansälven ausgetauscht werden [den Fluss, an dem ich aufgewachsen bin], und Papa Tomas kann das Angeln anleiten.«

Martin hat die Angewohnheit, mit Dingen herumzuspielen, während er spricht, mit der Tasse, der Untertasse, der Zeitung oder was sich sonst gerade in seiner Nähe befindet. Das war mir schon früher aufgefallen. Oder er kritzelt herum, zum Beispiel auf den Umschlägen oder den Briefen, die wir uns für das Buch *Väder, vind och livets allvar* geschickt haben. Unglaublich kleine Kritzeleien, über die man eine ganze Abhandlung schreiben könnte. Einmal erzählte er mir, dass diese Kritzeleien, die sogar in das Buch eingegangen sind, während unserer Telefonate entstanden waren.

An dieser Stelle der kleinen Vorlesung begann er nun, mit meinem Handy zu spielen, das auf dem Tisch zwischen uns lag. Er berührte dabei eine Taste, und die Aufzeichnung stoppte. Ich setzte sie wieder in Gang, und er fuhr fort, als wäre nichts geschehen. Ob man für oder gegen Stille eingestellt sei, liege wohl daran, so sagte er, dass viele sie für etwas Schlechtes halten und nur wenige für etwas Gutes. Man gehe davon aus, dass Stille das Gegenteil von Klang und Sprache sei. »Völlig falsch. Sie ist die Zwillingsschwester«, verkündigte er dann.

»Nimm zum Beispiel die Musik, die funktioniert gar nicht ohne Stille. Genauso wenig wie die Sprache. Man braucht die Stille zwischen den Wörtern und um die Wörter herum, damit der Satz einen Sinn bekommt. Und man braucht Stille, um dem anderen zuhören zu können. Was hat das Reden für einen Sinn, wenn man nicht hören, nicht lauschen kann? Stille und Wort sind unauflöslich verbunden.«

»Am Anfang war das Wort«, zitiert er den Beginn des Johannesevangeliums. »Wir lesen das und gehen davon aus, hier sei das gesprochene Wort gemeint. Aber nicht das gesprochene Wort war am Anfang, sondern der Logos, ein Wort, das weder Stille noch Laut ist. Es ist Sinn. Am Anfang war der Sinn. Als Gott sagte: ›Es werde Licht‹, blieb es still. In diesem Moment verwandelte sich das Tohuwabohu (hebräisch: *tohu wa bohu*), das Chaos, das als ›wüst und leer‹ beschrieben wird, in Ordnung. Die Wirklichkeit änderte sich. Vorher war alles ein sinnloses Un-Wesen, es gab keine Struktur. Leider haben wir begonnen, zu diesem Zustand zurückzukehren«, sagt Martin und fügt hinzu: »Tohuwabohu passt nicht zum Menschen.«

Wenn man die Stimme der Seele und die Stimme Gottes nicht mehr hören kann, wird das Leben eines Menschen ein leerer, halliger Raum.

»Es ist auch nichts Seltsames an der Stille.« Jetzt ist Martin in seinem Element. Er schiebt die Montagsausgabe des *Östgötakorrespondenten*, der Lokalzeitung, auf dem Tisch hin und her, während er den Johannestext auslegt.

»So wie der Mensch dreifaltig ist, so gibt es auch drei Arten von Stille: Der Mensch ist Leib, Psyche und Geist beziehungsweise Seele. Mit der Stille ist es genauso: Es gibt eine körperliche Stille, eine Stille ohne akustische Laute. Dann gibt es die psychische Stille – oft ist es eine negative

Stille, die aus dem Schweigen kommt, aus Angst oder Einsamkeit. Die dritte Stille ist die geistliche Stille. Wenn man die Stimme der Seele, die Stimme des Gewissens und die Stimme Gottes nicht mehr hören kann, wird das Leben eines Menschen ein leerer, halliger Raum.«

Martin sitzt eine Weile still da. Dann zeigt er auf mich und sagt: »Heutzutage ist es schwer, einen Ort zu finden, wo man nicht irgendein künstlich erzeugtes Geräusch hört. Die akustische Stille ist von der Oberfläche der Erde so gut wie restlos vertrieben worden.«

Ich erzähle von Gordon Hemptons Forschungsarbeit und dass er behauptet, in Europa ließe sich nirgendwo mehr ein vollkommen stiller Platz finden. Martin nickt zustimmend und beginnt, von seinen vielen Bergwanderungen zu erzählen und davon, wie die Stille der Natur immer öfter von Spurwalzen zerrissen werde, die in der Nähe eine Loipe präparieren und deren Getöse erst nach einer Ewigkeit abklinge.

Wenn es dann endlich wieder still ist, sagt man: »Ist das schön!«

»Und genau dann taucht am Himmel ein Flugzeug auf«, ergänze ich etwas pessimistisch.

Der Neunzigjährige kichert.

Ich überlege, was Martin wohl damit meint, dass die drei Arten von Stille zusammengehören, und welche Beziehung zwischen den dreien wohl besteht. Das Fehlen akustischer Stille beeinflusst unseren Körper und unsere Psyche, wir kommen schlecht zur Ruhe, finden nur mühsam in den Schlaf.

Da sind zu viele Geräusche und Klänge. Martin glaubt, dass wir vor dem Lärm kapitulieren, statt die Stille zu bewahren. Statt sie willkommen zu heißen, schaffen wir eine akustische Gegenwelt, unseren eigenen Gegen-Lärm.

»Unsere Kultur ist erfüllt mit Gegen-Lärm«, sagt er und zeigt auf mein Handy (aber diesmal, ohne es zu berühren). »Jeder hat so ein Ding. Oder Knöpfe in den Ohren. Was er hört, konkurriert mit den guten Klängen. Er hört keinen Vogelgesang, keine Naturlaute, und das zerstört die innere Harmonie. Da ist nämlich ein Unterschied zwischen Ton und Ton, musst du wissen. Die Naturlaute sind der Stille angepasst. In ihrem Zusammenspiel und ihrer Wechselwirkung steckt Harmonie.«

Er mache sich Sorgen, sagt Martin. So vieles sähe anders aus, wenn wir den Lärmpegel senken und die Angst verlieren könnten, die uns dazu treibt, uns ständig mit etwas zu umgeben, das Töne macht.

»Der moderne Mensch hat enorme Erfolge gehabt und dabei unsere Krachmacherwelt geschaffen, aber jetzt ist es zu viel des Guten, es läuft aus dem Ruder, und der Mensch merkt, dass er die Sache nicht mehr steuern kann, dass es sich unkontrolliert weiterentwickelt. Das lässt die großen existenziellen Fragen aufkommen: Was ist der Sinn des Lebens? Des Universums? Diese Fragen wecken Unruhe, aber sie werden wiederum mit Lärm übertönt. Und was, wenn die Antwort genau in der entgegengesetzten Richtung zu finden wäre? Wenn die Antwort in der Stille läge?«

Ich sage nicht viel. Das ist auch nicht nötig.

»Übrigens hat man gemessen, wie lange ein Mensch je nach Umgebung braucht, um zur Ruhe zu kommen, und festgestellt, dass wir am schnellsten zur Ruhe kommen, wenn wir in der Savanne an einem Wasserloch sitzen … An einer sicheren Stelle, versteht sich, damit uns nicht der Löwe frisst.« Martin lächelt.

»Wie am Bach Krit!« Mir fällt wieder die dreitausend Jahre alte Geschichte ein. Gott versteckte den einsamen Propheten, der für die Übelwollenden zum Freiwild geworden war, genau an der Stelle, an der er am ehesten zur Ruhe kommen konnte. Erst später fiel mir auf, dass sich im großen Gebetbuch der Bibel, dem Psalter, derselbe Gedanke findet: »Er führt mich zum frischen Wasser. Er erquickt meine Seele.« Ein Fund aus Psalm 23.

Martin ist immer noch beim zweiten Punkt seiner kleinen Vorlesung, dem Verhältnis zwischen Stille und Zeit und wie sich sogar der Gang der Zeit in einer guten Stille verändert.

»Ich habe mehrmals in einem Urwald gesessen und genau das erlebt, was die untersuchten Menschen am Wasserloch in der Savanne erlebt haben. Der Urwald ist voller Geräusche, aber es sind die Laute der Natur. Die Laute der Glühwürmchen, der Vögel, des sprudelnden Wassers und des Winds, der die Baumkronen rauschen lässt. Da schaut man nicht auf die Uhr.«

Martin war einige Male in Barbilla, einem Nationalpark in Costa Rica, einem Urwaldgebiet, das vor Jahrzehnten noch ganz unerschlossen war. Als man mit der Abholzung des Regenwalds begann, schaltete sich eine kirchliche Initiative zur Bewahrung der Schöpfung ein, um den Urwald von Barbilla zu retten.

»Wir versuchten, einen Teil des ungerodeten Waldes zu kaufen, damit dort keine Bäume gefällt würden«, erzählt Martin. Und dann folgt eine Geschichte, die er sicher schon oft erzählt hat und die vermutlich jedes Mal noch ein bisschen schrecklicher wurde.

Martin sollte gemeinsam mit ein paar einheimischen Kollegen desselben Projekts im Urwald übernachten. Sie hatten eine Plane dabei und fabrizierten daraus ein Dach. Dann zündeten sie ein Lagerfeuer an und ließen die Stille der Nacht auf sich herabsinken.

»Plötzlich hörten wir seltsame Geräusche. Ein Knistern rund um uns herum. Sehr unbehaglich. Unsere Führer wussten sofort, was die Ursache war: Wanderameisen. Sie nannten sie Knusper-Ameisen, denn sie fressen alles, was in ihre Nähe kommt.« Martin imitierte das Geräusch der fressenden Ameisen so gut, dass ich fast Angst bekam.

»Da zog eine echte Todesschwadron von Streitameisen heran«, sagte er. »Wir nahmen brennende Zweige, um gegen sie anzukämpfen, aber es wurden mehr und immer noch mehr, und sie fingen an, an unseren Beinen hochzuklettern. Die Ameisen gewannen die Schlacht, und wir mussten uns in den Fluss flüchten. Wir setzten uns auf paar Steine, die Füße im Wasser, und blieben dort sitzen, bis der Morgen schräg um die Ecke kam.«

»Bis der Morgen schräg um die Ecke kam!« Was ein für wunderbarer Ausdruck, denke ich noch, da erzählt Martin schon weiter: »Wir saßen da, bis die Einheimischen sagten, die Ameisen seien fertig mit Fressen – sie konnten nämlich die verschiedenen Geräusche, die die Ameisen machen, unterscheiden – und marschierten jetzt weiter wie eine siegreiche Armee. Aber es war irgendwie auch schön, so mitten im Fluss zu sitzen. Die vielen Laute um uns herum – wunderbar! Die Zeit verstrich, niemand schaute auf die Uhr. Die Stille der Natur ist eine gute Stille. Auch Geräusche gehören zu ihr, aber das sind Geräusche, die zusammenklingen, keine Gegen-Geräusche.«

»Mit-Geräusche vielleicht?«, schlage ich vor, aber ich weiß nicht, ob Martin mich hört. Er hat sich so in seine Urwald-Erzählung hineinbegeben, dass er fast wieder in Costa Rica ist. Aber dann fällt ihm ein, dass er mitten in seiner Mini-Vorlesung stecken geblieben ist, und er nimmt einen neuen Anlauf: »Die dritte Stille ist die Stille des Geistes, die Stimme Gottes und des Gewissens, und die Stille der feinen Vibrationen. Für den modernen Menschen ist es sehr schwer, zu dieser Seite der Stille Kontakt zu halten, und deshalb wird die Stille oft zur Stille eines leeren Raums. Das ist traurig. Ich glaube, die Kirche sollte dem nicht mit ihrem eigenen Lärm entgegentreten, sondern mit einem ›leisen Hauch‹.«

Mit ein paar Gedanken und Assoziationen macht Martin einen Abstecher zu den Gaben des Geistes im Neuen Testament. »Wir müssen uns wieder für sie öffnen«, sagte er. »Jede dieser Gaben umgibt ein Raum der Stille, besonders die dritte in der Aufzählung: der Friede. Ich erinnere mich, wie es war, wenn ich in mein Heimatdorf Storkågeträsk kam, als meine Eltern noch lebten: dass mich dieser Friede frappierte. Da saßen diese beiden alten Menschen, die in drei Hinsichten im Frieden lebten: akustisch, psychisch und geistlich. Ihre Worte und die Stille wirkten zusammen. Es war offenkundig. Man sah es ihnen an, und man hörte es in ihren Stimmen.«

Martin kommt immer wieder auf dieses Zusammenwirken zu sprechen. Nie das eine oder das andere. Harmonie: »Ich achte darauf, dass ich nicht so schnell spreche, wie moderne Menschen das üblicherweise tun«, sagt er. Ich schaffe es nicht, ernst zu bleiben – Martins langsames Sprechtempo ist wohl schon jedem aufgefallen –, und sage, das sei ja wohl das Understatement des Tages.

Unser Sprechtempo hat sich in den letzten fünfzig Jahren verdoppelt – und wir machen dabei kaum noch Pausen.

»Wusstest du, dass sich unser Sprechtempo in den letzten fünfzig Jahren verdoppelt hat? Messungen im norwegischen Parlament haben das gezeigt. Und wenn wir länger sprechen, machen wir keine Pausen mehr.«

Da ist er sicher auf einer richtigen Spur. In ihrem Buch *Silence. A Social History of One of the Least Understood Elements of Our Lives* (»Schweigen. Eine Sozialgeschichte eines der am schlechtesten verstandenen Elemente unseres Lebens«) schreibt Jane Brox, dass, auch wenn Männer und Frauen im Mittelalter sicher gesprächig waren, sie vermutlich langsamer sprachen als wir heute. Es gab eine betonte Stille zwischen den Wörtern, meinen Sprachforscher. Das Tempo unserer Sprache hat in den letzten Jahrhunderten immer mehr angezogen, und jetzt konkurrieren unsere Stimmen auch noch mit den digitalen Stimmen um Aufmerksamkeit.

Ich erzähle Martin, dass manche Leute Podcasts und Hörbücher mit anderthalbfachem Tempo hören, um in kürzester Zeit so viel Information wie möglich aufzunehmen.

»Das sollte verboten werden!«, bricht es aus ihm heraus.

»Ich erinnere mich an meine erste Einkehrzeit«, erzählt er dann. »Wir sollten drei Tage lang schweigen. Als ich mich auf den Weg zurück nach Hause machte und an den Bahnhof kam, spürte ich den Kontrast überdeutlich. Ich hatte das Gefühl, alle sprechen schrecklich laut und machen überhaupt einen Heidenlärm.«

Die Erinnerung an dieses Erlebnis ist für Martin mehr als eine Erinnerung, es ist auch eine Art Stimmgabel.

»Natürlich bin ich in einem anderen akustischen Milieu aufgewachsen als die Kinder heute. Ich war sechs Jahre alt, als wir im Dorf Elektrizität bekamen, wir lebten in der guten Stille der Natur, in der Stille guter Beziehungen und in der großen Stille des Geistes. Es gab wenig Geräusche, und deshalb nahmen wir als Kinder Holzschindeln vom Dach und machten sie mit Wäscheklammern an unseren Fahrrädern fest, um wenigstens ein bisschen Krach zu machen. Ich kann wohl sagen, dass ich ein gutes Teil Stille in mir habe; ich trage es immer bei mir.«

Ich merke an, dass das Leben als Bischof wohl kaum »ein leiser Hauch« war, eher ein Leben im fortwährenden Kontakt mit Menschen aller Art, mit vielen Gesprächen, mit Reden, die gehalten werden mussten, und einer generell hohen Arbeitsbelastung. Martin leugnet das nicht, aber er betont, dass die akustische Stille ja nicht die einzige Stille ist.

»Wie bewahrst du dir Räume der Stille?«, frage ich ihn. Und Martin antwortet, wie nur er antworten kann: »Ich komme aus Storkågeträsk.«

10

Mit dem Beten anfangen

Der Perlenkranz, mit dem du beginnst, ist ein
anderer als der, mit dem du zum Abschluss kommst.
Er führt dich auf eine Reise durch Themen,
die zur Reise deines Lebens werden kann.

Aus dem Begleitbuch der Perlen des Glaubens
von Martin Lönnebo, 1996

Vor vielen Jahren bekamen wir Post: Es war ein Armband mit den Perlen des Glaubens, von Martin extra für uns zusammengestellt. Zwischen die roten Perlen, die für Liebe stehen, hatte er drei Extra-Perlen eingefügt: drei kleine Perlen; für jeden unserer Söhne eine. Unsere Söhne waren es ja, die am Anfang unserer Freundschaft zu Martin und Britt-Louise Lönnebo standen. Ich glaube, sie wollten uns mit diesen drei Perlen sagen, dass sie für unsere Söhne, die immer unsere Söhne bleiben würden, auch nach ihrem Tod, beteten. Die roten Perlen stehen für die Liebe, die wir empfangen, und die Liebe, die wir geben – und genau zwischen diese Perlen hatten sie die Extra-Perlen eingefügt.

Ich denke manchmal an Martin, als sei er der Materialwart der evangelischen Kirche, denn er ist es, der den Glauben für viele von uns »materialisiert« hat, der geistlichen Dingen eine physisch greifbare Form gegeben hat. Dabei hat er uns gleichzeitig geholfen, Glaube und Körper miteinander zu verbinden. Ein sehr wichtiger Beitrag, schließlich ist der Glaube nicht nur ein Gedanke oder ein Gefühl. Manchmal müssen wir etwas berühren, um glauben zu können. Da sind wir in bester Gesellschaft mit dem biblischen Thomas. Die Hände werden zu unseren Augen. Wenn die Haut etwas berührt oder von etwas berührt wird, entsteht eine Wellenbewegung, die durch den Körper geht – und oft auch die Seele mit sich reißt.

Wenn man Teamsport macht, ist der Materialwart eine der wichtigsten Personen. Was Martin Lönnebo angeht, ist er nicht nur der Verwalter, sondern der Schöpfer vieler Dinge, die wir heute für selbstverständlich halten. Er steht nicht nur hinter den Perlen des Glaubens, sondern auch hinter den Fürbittenleuchtern in unseren Kirchen. Wenn ich ihn danach frage, muss ich ihm jedes Wort abluchsen; er will mit seiner Person den Dingen nicht im Wege stehen.

Manchmal müssen wir etwas berühren, um glauben zu können.

Ich erinnere mich, dass ich im Radio mal hörte, wie Martin das Wort »Demut« mit »die Fähigkeit, wer auch immer zu sein« übersetzte. Für mich klang das wie eine Offenbarung. Es wirkt befreiend, wenn man in der Gegenwart eines Menschen sein darf, der sich selbst nicht als Mittelpunkt der Welt betrachtet, sondern sich »für wen auch immer« hält, von gleichem Gewicht und gleicher Bedeutung wie jeder beliebige andere Mensch. Wenn Männer und Frauen darauf bedacht sind, Menschen in ihrer Umgebung zu entdecken, ihnen Platz zu machen und sie in den Vordergrund zu stellen, dann entsteht etwas Schönes und Erhebendes. Martin betrachtet mit Demut, wie sich seine »Erfindungen« verbreiten. Aber auch mit großer Freude. Die einfache Gebetskette mit ihren achtzehn Perlen hat sich in staunenswerter Weise in der ganzen Welt verbreitet.

Für die Leser, denen die Perlen des Glaubens trotz allem unbekannt sein sollten: Die Perlen bilden eine Gebetskette, die man um das Handgelenk tragen kann, um nicht zu vergessen, dass es in allem, was uns im Laufe eines Tages passiert, immer auch eine geistliche Dimension gibt – eine Tatsache, die man ja tatsächlich leicht vergisst, wenn man ständig nur mit dem Smartphone hantiert oder im Netz surft. Sie sind, um es mit Martins Worten zu sagen, »ein heimliches Zeichen, dass wir nicht aufgegeben sind«.

Die Geschichte, wie es zu den Perlen des Glaubens kam, ist oft erzählt worden. Martin geriet in einen Sturm und wurde auf eine griechische Insel getrieben, die von 46 Insulanern und einem Priester bewohnt wurde. Er sah die alten Männer im Café am Hafen sitzen, und er hörte die typischen

Geräusche, die Gebetsketten machen, wenn sie durch die Hände gleiten. *Kamboloi* heißen sie auf Griechisch. Ihr Name beschreibt den Ton, der entsteht, wenn zwei Perlen aufeinanderstoßen. Martin begriff, dass alle Weltreligionen ähnliche Hilfsmittel für das Gebet benutzen, nur die Protestanten kannten keins. Deshalb erfand er es.

Meine Frau arbeitet in einem Kindergarten der Schwedischen Kirche in Göteborg. Schon seit Jahren nutzt sie die Perlen des Glaubens in ihrer Arbeit mit Kindergruppen. Sie hat mir erzählt, wie viel die Perlen den Kindern bedeuten, aber auch deren Eltern und den Kolleginnen und Kollegen im Kindergarten. Es gibt nur wenige »geistliche Hilfsmittel«, die ganz unabhängig vom Alter so gut einsetzbar sind.

Dasselbe gilt für die Fürbittenleuchter, manchmal auch Lichtbäume genannt, die jetzt in Schweden und vielen anderen Ländern brennen. Auch hier steckt Martin dahinter. 1968 tagte die Generalversammlung des Weltkirchenrats in Uppsala. Martin Luther King sollte als Redner dabei sein, aber sein tragischer Tod verhinderte es. Martin Lönnebo war damals Studentenpfarrer der Domkirchengemeinde von Uppsala, und er und der Küster hatten die Aufgabe, »bei den Kapitalisten« Geld zu sammeln (O-Ton Martin, während er mir die Geschichte noch einmal erzählt), um ein Kunstobjekt zu finanzieren, den *Versöhnungsbaum der Völker*. Martin selbst skizzierte den Entwurf und legte ihn dem Bischof vor. In Zusammenarbeit mit dem Bildhauer Olof Hellström entstand dann der große Leuchter in Form eines Kreuzes oder auch eines Baums, dessen Arme sich in die vier Himmelsrichtungen ausstrecken. Es war der erste große Leuchter in der Schwedischen Kirche. Der Eröffnungsgottesdienst der Generalversammlung wurde in ganz Europa übertragen, und die Bilder, die zeigten, wie Kinder und Kirchenoberhäupter Seite an Seite standen, Lichter anzündeten und beteten, machte einen tiefen Eindruck auf die Zuschauer.

Der Rest ist Geschichte. Heute brennen in unseren Kirchen viele Millionen Lichter an Lichterbäumen, Fürbittenleuchtern und Opferlichtständern.

Martin ist nun wirklich mit seiner Mini-Vorlesung am Ende, und wir unterhalten uns noch ein bisschen darüber, dass unsere geschwätzige Zeit im Grunde der Worte überdrüssig ist und dass deshalb alles, was wortlos geschieht, eine Renaissance erlebt. Wir sind uns einig: Das ist gar nicht so erstaunlich, und Martin betont, dass auch ein Gebet ohne Worte ein sehr deutliches Gebet sein kann.

»Man kann ein Licht anzünden, und es ist vollkommen klar, wofür dieses Licht steht. Man muss nichts dazu sagen. Dasselbe gilt für die Perlen des Glaubens, auch da geschieht das Beten still. So kann man anfangen. Ich habe mir die Perlen des Glaubens als einen möglichen Anfang für das eigene Beten gedacht. Man kann sie berühren, sich dabei einüben in den Gedanken, dass Gott immer nah ist, und dann sieht man, was geschieht.«

Martin nimmt seinen eigenen Perlenkranz zur Hand und lotst mich hindurch, Perle für Perle. Es ist eine Lektion in der Schule des Betens, die ich jedem Menschen wünschen würde, vor allen Dingen denen, die wie ich selbst in einem christlichen Milieu groß geworden sind, in dem es um nichts als das Wort ging und Beten vor allem Reden hieß. Martins Hände sind ein wenig zittrig, und deshalb höre ich das *Kamboloi*-Geräusch, wenn die Perlen aneinanderstoßen.

Die gute Stille ist Fülle, die schlechte Stille ist Mangel.

»Die sechs Stille-Perlen nehmen im Verhältnis zu den anderen ziemlich viel Platz ein«, sage ich.

»Ja, das ist Absicht, es sollen viele sein und sie sollen immer wieder vorkommen. Die gute Stille ist Fülle, die schlechte Stille ist Mangel.«

Martin weist mich darauf hin, dass es im Begleitbuch zu den Perlen des Glaubens einen kleinen Text dazu gibt, den könnte ich gerade mal heraussuchen. Ich finde ihn am Ende des Buchs.

»Weißt du, womit er beginnt?«, frage ich Martin.

»Mit Elia«, sagt Martin und lächelt.

Ich lese laut vor: »Gott ist nicht im Lärm, im Getöse oder in den vielen Worten zu finden. Elia verhüllte sein Angesicht und ging aus der Höhle, als die große Stille sich näherte. Das jüdische Volk hat mehr als alle anderen Völker an der Heiligkeit Gottes festgehalten. Sinnfälligstes Beispiel dafür war das Allerheiligste in Jerusalem, ein Würfel, erfüllt von Dunkelheit und Stille. Das war Gottes Wohnung, denn Gott will im Verborgenen wohnen«.

Einige Stunden sind vergangen, und erst jetzt hole ich den Brief hervor, den ich bei mir habe. Auch Martin fällt es schwer zu entziffern, was er damals selbst geschrieben hat, ein paar kurze Zeilen zu den Psalmen im Schwedischen Gesangbuch.

Ich lese die beiden Psalmen vor, von denen er hier spricht. Während wir die kurzen Verse von Stille umgeben sein lassen, entsteht ein gottesdienstliches Gefühl. Erst lese ich *Lehre mich von Herzen zu beten* von Britt G. Hallqvist und dann *Zu bitten ist nichts anderes als zu begehren* von Stina Andersson.

Stina Andersson stammte aus einer Bauernfamilie in Västgötaslätten, einem Gebiet zwischen den beiden großen Seen Vännern und Vättern. Als Vierzehnjährige erkrankte sie an Scharlach, wovon ihr ein schweres Rheuma zurückblieb. Ihre letzten Jahre verbrachte sie in einem Heim in Skövde. In dieser Zeit schrieb sie den Psalm, der als Lied Nummer 213 Eingang ins Schwedische Gesangbuch gefunden hat, »aus dem Bedürfnis heraus, dem Ausdruck zu geben, was das eigene Herz erfahren hat«, wie sie selbst sagte.

Zu bitten ist nichts anderes als zu begehren,
als selbstsüchtig zu rufen:
Gib mir, Herr, gib!
Bitten heißt, Gott so nahe zu kommen,
dass er das Leben in unserem eigenen Leben wird.

Es ist still geworden im Zimmer. Eine gute Stille, die so vieles, worüber wir gesprochen haben, bekräftigt und vertieft. Ich schaue vorsichtig zu Britt-Louise und Martin hinüber. Martin hält die Augen geschlossen. Nur wir drei sind hier, und doch sind wir so viele. In der Stille wie in allen anderen Gebeten werden Dinge, Zeiten und Menschen zusammengeführt. Elia kommt mit einem Hauch vom Bach Krit, auch Britt G. Hallqvist und Stina Andersson sind da, und um uns herum entdecke ich viele andere Gesichter, eine ganze Versammlung. Denn dort, wo ich sitze, im Wohnzimmer in der Krouthénsstraße in Linköping, werde ich von verschiedenen Gestalten betrachtet. Ikonen hängen an den Wänden und vom Bücherregal schielt ein Eselsfohlen zu uns herunter, ein Geschenk der Holzkünstlerin Eva Spångberg.

»Kannst du bitte auch noch Psalm 522 lesen?«, sagt Martin nach einer Weile. Das tue ich und Martin schließt wieder die Augen.

In Gottes Stille darf ich sein,
wortlos, ruhig, genügsam.
Klare Räume, offene Tage.
Hier ein Strand am Meer der Gnade.

In Gottes Liebe will ich ruhen,
ich bin gewünscht, geliebt, gesehen.
Übe mich in kindlichem Zutrauen,
erprobe die Höhe, die Tiefe und Breite.
In Gottes Geist kann ich atmen:
Gebet schenkt Leben aus dem Tod.
In der Nähe des Augenblicks hat alles Platz,
was wird und ist und war.

An Gottes Herzen bin ich aufgehoben,
geborgen in seinem Schoß.
Während das Geheimnis sich vertieft,
flüstert der Vater zärtlich meinen Namen.

Später lese ich, dass dieser Psalm von Altbischof Jonas Jonson geschrieben wurde, »an einem stillen, warmen Tag in unserem Sommerhaus in Jämtland. Die Wände flüsterten von vielen Generationen, die hier miteinander geredet und gearbeitet hatten. Die Gerstenfelder leuchten gelb, man konnte sie vom Fenster aus sehen. Der See dort unten nahm gegen Abend das graue Rot des Spätsommers an. Die Schwalben begannen sich für den Abflug zu sammeln.«

»Warum hast du gerade diesen Psalm ausgesucht?«, frage ich.

Martin zögert mit seiner Antwort, stellt die Kaffeetasse an einen anderen Platz und wieder zurück.

»Er leistet einem so gut Gesellschaft«, sagt er dann schließlich.

Ehe ich mich verabschiede und nach Hause fahre, frage ich Martin, was er zu dem Vers im achten Kapitel der Offenbarung meint, in dem gesagt wird, es »entstand eine Stille im Himmel etwa eine halbe Stunde lang« (Offenbarung 8,1).

»Ach, das ist halt so eine typische menschliche Reaktion«, sagt er spontan, als handele es sich um eine Selbstverständlichkeit. »Wenn wir auf etwas Großartiges treffen, verschlägt es uns erst mal die Sprache und wir müssen das einordnen. Wir können es nicht beschreiben, wir haben keine Worte.«

»Wie ein stilles ›Wow!‹«, füge ich hinzu.

»So ungefähr«, sagt Martin. »Aber dann wurde es ja aufgeschrieben, und seitdem glauben wir, dass es eine akustische Stille war, die hier beschrieben ist. Wenn es aber dort keine Luft und keine Atmosphäre geben sollte, dann gibt es auch keine Laute. Aber man kann natürlich lange darüber nachsinnen, wie es mit der Luft im Himmel bestellt ist.«

Martin guckt schelmisch und lacht sein wunderbares Lachen, das uns sagt: Wir begreifen doch beide nicht, worüber wir da eigentlich sprechen! Wir lachen nicht über diesen Vers, wir lachen über uns selbst, und das tut uns gut. Und wenn es im Himmel genauso wäre – mit oder ohne Luft? Erst eine wunderbare Stille. Dann bricht der große Jubel aus.

11

Der fliegende Teppich von Filadelfia

Zurück zu Hause erwartet mich ein weiterer Tag mit fast ununterbrochenem Regen. Es ist Mitte Februar und auf meinem Weg zur Kirche wagen sich schon Schneeglöckchen, Winterling und Krokus hervor. Genau genommen konnte man sie auch schon im Januar entdecken. Erle und Haselnuss blühen, und der Tagfalter testet seine Flugkünste. Die Feldlerche hat sich schon über dem Acker blicken lassen. Vom Winter haben wir in diesem Jahr kaum eine Spur gesehen, und jetzt fühlt es sich an, als könnten wir auf ihn verzichten. Der Winter sollte im Winter stattfinden, finde ich.

Einige Tage verbringe ich mit einem Gefühl der »Nachwärme«, die mir von meiner Begegnung mit Britta-Louise und Martin geblieben ist. Es ist ein Luxus, Freunde wie sie zu haben, wird mir klar. Als ich vor Martins 90. Geburtstag in der Zeitung *Dagen* einen Artikel über ihn lese, erinnere ich mich an etwas Wichtiges, das ich fast vergessen hätte: seine Hände. Der Fotograf hat eine schöne Nahaufnahme gemacht, die zeigt, wie er die Perlen des Glaubens zwischen seinen Fingern bewegt.

Es ist ein rührendes Bild, das mich an eine Konferenz für Menschen in Pflegeberufen erinnert, an der Martin und ich einmal in Linköping mitgewirkt haben. Martin erzählte damals von einem Pfarrkollegen, der bei einer Autorallye durch die Wälder von Värmland dabei war. Ein Fahrer verlor die Kontrolle über seinen Wagen und raste in den Wald, wo eine Mutter mit ihrem Sohn stand. Das Auto erfasste den Sohn, der auf der Stelle tot war. Alles ging rasend schnell.

Der Pfarrer rannte zur Mutter, die kreidebleich und wie erstarrt dastand. Er nahm sie in den Arm, hielt sie fest und wollte etwas sagen. Aber Minute für Minute verging, und er brachte kein einziges Wort heraus. Es dauerte viele lange Minuten, bis der Krankenwagen kam und die Ärzte die Sache übernahmen. Später beschrieb der Pfarrer, wie erbärmlich er sich vorgekommen sei. Doch bei der Beerdigung des Sohns kam die Mutter auf den Pfarrer zu und sagte: »Ich will Ihnen dafür danken, was Sie für mich getan haben, als ich neben der Rennstrecke stand.«

Der Pfarrer wollte sich entschuldigen. »Ich habe mich so hilflos gefühlt. Kein einziges vernünftiges Wort habe ich Ihnen sagen können.«

»Ja, Sie haben nichts gesagt«, antwortete die Mutter. »Aber als Sie mich festgehalten haben, hatte ich das Gefühl, mein Blut würde nicht länger aus meinem Körper rinnen. Es war, als würden Sie mit Ihren Händen dafür sorgen, dass mein Blut in mir blieb.«

Unsere Hände haben in unserem Sprachgebrauch eine besondere Bedeutung. Wir nehmen jemanden an die Hand, reichen eine helfende Hand oder legen sogar unser Leben in die Hände einer anderen Person. Wenn die Hände der Verliebten sich zum ersten Mal berühren, scheint es so etwas wie einen Magnetismus zu geben, ein Kraftfeld. Unzählige verschiedene Gefühle werden spürbar. Wer heiraten möchte, hält nicht um den Fuß, sondern um die Hand an, und der Ehering wird an der Hand getragen. Wenn man die Hand eines sterbenden Menschen hält, spürt man deutlich, wie der Lebensstrom verrinnt.

In meinem Gespräch mit Martin ging es viel um die Stille – wegen dieses Themas war ich ja zu ihm gefahren –, aber es ging genauso oft um das Gebet, nicht zuletzt das wortlose Gebet. Und genau in diesem Zusammenhang hat sich das Bild von seinen Händen in mein Gedächtnis eingegraben. Da ist ein Mensch, der betet, und auf dem Stück »Gebetsacker«, das er bearbeitet, sind die Hände natürlich das beste Werkzeug. Eigentlich ist es ja eine Selbstverständlichkeit: Das beste geistliche Werkzeug – den eigenen Körper – haben wir immer dabei.

Ich schaue auf das Bild der Hand, die die Perlen berührt, und denke, dass hier eine unterschätzte »Kontaktfläche« zu Gott ist. Der Weg von unserer Haut zu Gott ist so kurz. Der

Tastsinn, also der besondere Sinn unserer Haut, ist der erste Sinn, der sich beim Embryo entwickelt. Vor allem anderen teilt das neue Leben mit, dass es berührt werden will.

Unser Körper ist kein Gebetshindernis, kein Störfaktor. Er verkörpert unser Gebet buchstäblich.

Diese Überlegungen gelten natürlich nicht nur für die Hände, sondern für unseren ganzen Körper. Unser Körper ist kein Gebetshindernis, kein Störfaktor. Er *verkörpert* unser Gebet. Buchstäblich. Unser Körper ist auch das Werkzeug, das die Worte formt. Das muss man betonen, weil der Körper in der Geschichte der Kirche oft, vielleicht sogar meistens abgewertet und in den Schmutz gezogen wurde. Dabei ist durch das Evangelium eine neue Sicht des Körpers, des Leibes eingeführt worden, die damals sehr radikal war und auch heute noch sehr radikal ist. Gott hat in Jesus die Materie geheiligt – so sehr, dass Gott einen Leib annahm, Körper wurde.

In keiner anderen Religion wird der Körper so respektiert wie im Christentum, und das war schon in der frühen Kirche so. Man ist ja verleitet zu glauben, die Christen müssten sich, was den Körper angeht, an eine Menge Regeln halten. Und tatsächlich ist die Bibel sehr deutlich, wenn es darum geht, dass der Leib so etwas wie heiliger Boden ist, ein Tempel des Heiligen Geistes, den wir hegen, pflegen und rücksichtsvoll behandeln sollen.

Noch wichtiger ist der Bibel aber, was man mit dem Körper tun soll: sich den Hilflosen entgegenstrecken, mit jemandem eine Extra-Meile gehen, die Gefallenen aufrichten, die Hungrigen speisen, die Nackten kleiden, heilige Hände zum Gebet aufheben, den Kranken die Hände auflegen und für sie beten. Und dann ist da noch etwas, das wir so gut wie verloren haben: die Knie vor Gott beugen. Nicht in ängstlicher Unterwürfigkeit, sondern in aufrichtiger Ehrerbietung. Das Knien ist eine uralte Art zu beten, zu kostbar, um sie verkommen zu lassen. Auf die Knie zu fallen, ist Ausdruck einer inneren Haltung. Man nimmt seinen Körper zur Hilfe, um etwas Unsichtbares auszudrücken.

Ich bin in einem christlichen Milieu aufgewachsen, in dem das Knien eher die Regel als die Ausnahme war. In der Filadelfia-Gemeinde in Kramfors lag auf der letzten Bankreihe ein Stapel Gebetsmatten, 30 x 40 cm große Stücke Teppichboden, die irgendjemand beim Teppichhändler um die Ecke günstig erstanden hatte. Farben und Muster waren unterschiedlich, denn die Teppichstücke waren aus Resten der Auslegeware zugeschnitten. Heute denkt man beim Wort »Gebetsteppich« an muslimische Beter, die ihren Teppich ausrollen und sich Richtung Mekka verneigen. Ich habe gelesen, dass es Gebetsteppiche mit eingebautem GPS gibt, damit man die Richtung exakt bestimmen kann. Bei den Filadelfia-Teppichen gab es das natürlich nicht und die Richtung spielte auch keine Rolle. Wichtig war nur, dass man die Knie beugte. Und das tat man. Ich auch. Ich weiß gar nicht, wie früh in meinem Leben ich die Gewohnheit annahm, mich zum Gebet hinzuknien, aber sie gehört zu mir und ist für mich etwas so Selbstverständliches wie Kostbares. Man spricht ja vom »Kniefall«, und an dieser Bewegung kommt man tatsächlich nicht vorbei, wenn man das »geistliche Hochland« erreichen will. Im geistlichen Leben ist das Hinab ein Hinauf.

In meiner Jugend erzählte man sich die unglaublichsten Geschichten zum Thema Gebet. Geschichten von frommen Männern und Frauen, die so lange und ausdauernd Gott auf den Knien suchten, bis der Teppich in ihrem Gebetskämmerlein verschlissen war. Sie beteten sich sozusagen durch den Teppich hindurch in den Holzboden hinein. Mehr als das, sie gruben sich in das Geheimnis des Gebets ein.

Das Knien ist eine uralte Art zu beten, zu kostbar, um sie verkommen zu lassen.

Lewi Pethrus, der Gründervater der schwedischen Pfingstbewegung, so wird erzählt, habe aus diesem Grund zwei Paar Hosen zu jedem Anzug gekauft. Tatsächlich war es wohl so, dass der Schneider, nachdem er gehört hatte, Lewi Pethrus habe seine Hosen im Gebet verschlissen, zu jedem Anzug eine zweite Hose mitlieferte. Gratis.

In der Filadelfia-Gemeinde in Kramfors fand das »Kniebeugetreffen« jeden Dienstagabend um sieben statt. Daran hat sich bis heute nichts geändert, und meine Mutter hat mich, solange sie lebte, anschließend immer angerufen, um mir zu berichten, wie viele Leute teilgenommen hatten. Mal zehn, manchmal auch 25. Ich vermisse ihre Anrufe, und ich glaube, dass ihre Gebetsberichte auf lange Sicht wichtiger waren als die Börsenberichte.

Gegen das ständige Knien kann man einwenden, dass es reine Routine war. Und das war es sicher manchmal auch. Aber in der Wiederholung lag auch etwas Prägendes. Mit dem Niederfallen – und es war tatsächlich das Niederfallen des ganzen Körpers – drückte man körperlich aus, dass man sich Gott nicht nähert, wie man sich dem Mann nähert, der an der Kinotür die Tickets einreißt. Man beugt sich, um sich daran zu erinnern, dass man selbst nicht die höchste Autorität im Leben ist und dass man in der Freiheit leben möchte, die dort entsteht, wo Gott den ersten Platz einnimmt – der Gott, um mit Frère Roger aus Taizé zu sprechen, der nur lieben kann.

Ich habe meinem Bruder, der ein Ass ist, wenn es um das Aufspüren von Sammlerstücken geht, gesagt, er solle doch mal versuchen, noch eine der Gebetsmatten aus Filadelfia aufzutreiben. Bisher ist er nicht fündig geworden. Aber ich zweifele nicht daran, dass es ihm noch gelingen wird. Bis dahin benutze ich eine Matte aus dem *Dänischen Bettenlager*. Eine Zeit lang – es waren mehrere Jahre – hatte ich das Knien aufgegeben, aber dann spürte ich, dass mir etwas Wichtiges fehlte. Es ist befreiend, sich zu beugen. Es ist eine andere Weise, aufrecht und ehrlich dazustehen. Wer Gold schürfen will, muss auf die Knie gehen.

Wenn man sich so etwas wie einen geistlichen Materialraum vorstellt: In welche Kategorie würden dann die Gebetsteppiche fallen? Mein Gedankengang, wenn ich denn gezwungen wäre, sie einzusortieren, wäre folgender: eine

Waffe, aber das klingt zu grob, so als würde ich von einer Axt oder einem Knüppel reden. *Hilfsmittel* hört sich nach Stützrädern an oder der Verlängerung für Bleistiftstummel. Und *Werkzeug* ist auch zu technisch. Erst bei *Zubehör* klingelt es: das will ich ins Regal zu den »Gebetsdingen« legen. Ein Ding, das etwas tut, das jemand braucht und das sich verschleißt und ausgetauscht wird, wenn es seinen Zweck erfüllt hat. Das ist mehr als ein Werkzeug. Sein affektiver Wert gehört zu den Kostbarkeiten meines Lebens.

Dem Gebetsteppich leisten in meinem Leben noch andere Dinge Gesellschaft. Alle dienen sie allein dem Zweck, das Gebet zu unterstützen: durch kurze Wege zum Kern des Betens, durch »Scharfstellen« und das Abschirmen von störenden Elementen. In einer eigenen kleinen Abteilung meines Bücherregals stehen fünf tragbare Apostel und eine Ikone, die ich von Gefangenen der Justizvollzugsanstalt Skänninge östlich des Vätternsees geschenkt bekommen habe. Dort liegt auch ein handbemaltes Osterei, ein sogenanntes Christus-Ei aus Holz, ein abgegriffenes Kreuz, ein kleiner grauer Stein, auf dem »Hoffnung« steht, und, nicht zu vergessen, die Dreieinigkeit aus Legosteinen, die mir ein guter Freund aus den USA mitgebracht hat. Ein etwas befremdliches kleines Ding. *The Father, The Son and The Holy Ghost*. Letzterer ist aus fluoreszierendem Material, sodass er im Dunklen leuchtet. Wer mag, darf über meine Gebetsutensilien gerne lachen, ich tue es nicht. Der Raum, den ich nur für mich habe, ist ein Durchgangszimmer, aber er ist gefüllt mit all den Büchern, die ich in meiner Nähe haben möchte, drei Ikonen, die alle eine besondere Geschichte haben, und meine Sammlung von Kreuzen. Leider passen sie nicht mehr alle in meinen Raum, weshalb sie ins Wohnzimmer umziehen mussten.

Der Gebetsteppich war ein fliegender Teppich. Das erkenne ich erst jetzt, im Nachhinein. Als Kind unternahm ich darauf viele und lange Reisen. Als ich jung war und mich während des Betens langweilte, überließ ich mich Tagträumen und landete im Allgemeinen irgendwo, aber nicht bei heiligen Dingen. Nicht selten schlief ich im Knien ein. Erst sehr viel später entdeckte ich, dass so ein Teppich tatsächlich ein Fluggerät ist.

Der bekannteste fliegende Teppich ist natürlich der aus der Erzählsammlung *Tausendundeine Nacht*, in der Prinz Hussein von seinem magischen Teppich getragen wird. Manche jüdischen Mythen gehen davon aus, auch König Salomon habe einen Teppich besessen, der fliegen konnte, gefertigt aus grüner Seide und mit einem goldenen Faden durchwoben. Er soll so schnell gewesen sein, dass Salomo in Damaskus frühstücken und in Madal, im heutigen Irak, zu Mittag essen konnte.

Die fliegenden Teppiche von Filadelfia hatten drei Funktionen: Sie schonten Hosen und Röcke, sie schonten die Knie der Betenden und nicht zuletzt dienten sie ihrem Hauptzweck: sich vor Gott zu beugen. Das Teppichstück markierte außerdem einen Platz am Boden, eine heilige Fläche, in dem Sinne, dass heilig ist, was zu einem bestimmten, einzigen Zweck abgesondert wurde. Der Gebetsteppich an sich ist nichts Besonderes, aber er wartet auf mich mit seiner ständigen Einladung, die Kontrolle aus der Hand zu geben, und er verbindet mich mit allen Menschen, die vor mir auf diese Weise gebetet haben und denen ich danken, die ich ehren und verehren möchte. Mein Gebetsteppich ist ein versteckter Gruß an Ann-Britt Andersson, die in der Firma meines Onkels Anton arbeitete, Rune Edin von der schwedischen Telekom, Valter Berg, einen Autolackierer, und all die anderen, die kniend für uns, die wir nach ihnen kommen, eine Furche gezogen haben.

Wenn ich auf meinem Gebetsteppich knie, werde ich an alle erinnert, die vor uns waren. Ich denke an sie. Ich denke an ihre Gebete, die immer noch wirksam sind. Gebete haben ein viel längeres Haltbarkeitsdatum als Beter. Die Frage ist, ob sie ihre Wirkung überhaupt je verlieren. Aber im Grunde tue ich nur das, was Menschen aller Zeiten getan haben: sich am Fuße des Kreuzes beugen und beten. Mit oder ohne Teppich.

Gebete haben ein viel längeres Haltbarkeitsdatum als Beter. Die Frage ist, ob sie ihre Wirkung überhaupt je verlieren.

Ist der Gebetsteppich es wert, verteidigt zu werden oder gar ein Comeback zu erleben? Er ist aus gewöhnlichem Flor, aber er kann zu einem fliegenden Teppich in der geistlichen Welt werden. Dinge, die dazu da sind, den Glauben zu stärken, sind nichts Neues. Zu biblischer Zeit, so wird berichtet, nahmen Menschen ein Stück Stoff, das Paulus berührt hatte, und legten es den Kranken auf. Jesus selbst spuckte in den Sand und strich das Gemisch von Speichel und Erde auf die Augen des Blinden. Und was der Beispiele mehr ist.

In der pfingstkirchlichen Welt, in der ich aufwuchs, gibt es eine Skepsis gegenüber allen »Materialisierungen« des Glaubens. Den Dingen gegenüber bestand schon immer eine gewisse negative Empfindlichkeit. Mein Vater wäre zum Beispiel niemals auf den Gedanken gekommen, eine Kerze an einem Leuchter zu entzünden. Er verfügte sogar, dass es kein Licht auf seinem Grab geben solle. »Katholisch«, lautete sein Pauschalurteil gegenüber allen religiösen Dingen, die man anfassen kann.

Eine spannende Frage. Solange wir im Bereich des Abstrakten bleiben, umschiffen wir leicht die Bereiche, in denen wir unterschiedliche Auffassungen haben. Sobald es um Dinge geht, werden die Unterschiede deutlich. Dinge können nicht durch Reden überspielt werden. Ikonen und Weihrauch stehen auf der Wunschliste freikirchlicher Gottesdienstgestaltung bis heute nicht ganz oben, obwohl diese Dinge hier und da auftauchen. Ich selbst habe keine ungeteilt positive Haltung zu »Importen«, die dazu führen, dass sich Menschen, die lange in einem bestimmten Frömmigkeits-Milieu gelebt haben, fremd fühlen könnten. Ich glaube, dass man seiner Tradition treu bleiben und so den Reichtum in der geistlichen Großfamilie erhalten sollte. Geliehene Kleider sind nicht mein Fall. Aber wenn Leute sich über das Aufhängen von Ikonen beklagen, entgegne ich ihnen, dass es besser ist, zu Hause an der Wand ein Bild vom Angesicht

Jesu hängen zu haben als einen 50-Zoll-Flachbildschirm. Ich glaube, dass man praktisch denken sollte, sogar pragmatisch, wenn es ums Beten geht. Dem, was funktioniert, was klappt und dazu führt, dass das Beten einfacher wird, muss der Vorrang gegeben werden vor den tiefsinnigen Ratschlägen, aufgezeichnet von Mystikern für Mystiker. Die meisten von uns spielen nicht in dieser Liga. Wir sind nur gewöhnliche Beter, aber das ist ja schon was.

Die christliche Erzählung ist durchgehend eine Schilderung physischer Vorgänge. Da ist viel Körper drin. Und wenn man noch genauer hinsieht, erkennt man, dass diese Körperlichkeit mit den verschiedensten Ausdrücken beschrieben wird, deren Muster eindeutig ist: Die geistliche Sehnsucht äußert sich in einem physischen Gebrechen. Im Laufe der Kirchengeschichte hat man das mit großem Erfindungsreichtum beschrieben, und ich hoffe, dass auf diesem Gebiet weiter geforscht wird.

In der *Dienstanweisung für einen Unterteufel* lässt C. S. Lewis Onkel Screwtape den jungen Dämon Wormwood wissen: »Zumindest kann man ihnen weismachen, dass ihre Körperhaltung für ihre Gebete keine Rolle spielt. Denn sie vergessen ständig, was du stets bedenken musst, nämlich dass sie Tiere sind und dass alles, was ihr Körper tut, auch ihre Seele beeinflusst.«[2]

Hier zeigt sich der Körper als eine stille Ressource mit unendlich variablen Möglichkeiten. Viele halten ihre Hände so, dass sie eine Schale bilden, um zu zeigen, dass sie bereit sind, etwas von Gott zu empfangen. Andere legen eine Hand auf die Brust und zeigen so, dass sie mit dem Herzen beten möchten. Einige tanzen ihre Gebete, andere lehnen sich an das große Kreuz im Altarraum. Der eine berührt eine Gebetskette, der andere zündet eine Kerze an oder tut irgendetwas, das seine Sehnsucht ihn tun lässt. In einer Gemeinde salbt man die Kranken mit Öl, während man für sie betet, in der anderen zeichnet man ihnen ein Kreuz auf die Stirn. Hände werden zum Himmel erhoben, Steine werden symbolisch am Fuß des Kreuzes abgelegt, Zettel werden geschrieben und in eine Schale gelegt, die beim gemeinsamen Gebet zum Himmel erhoben wird. Durch all das wird ein stiller Ruf des Körpers hörbar, der am Gebet teilhaben will.

Wir vergessen ständig, dass alles, was unser Körper tut, auch unsere Seele beeinflusst.

Eine Art des Betens, die sich in unserem Teil der Welt am schnellsten verbreitet, ist das Pilgern. Eine Entwicklung, die mich froh macht. So vieles geschieht in einem Menschen, der wandert! Wenn ich mich in meinem Freundeskreis umhöre, sagen eigentlich alle dasselbe: Wenn die Unruhe zu stark wird oder die Sorgen zu bedrängend, dann erwacht das Bedürfnis zu gehen, zu wandern, Gott sozusagen Gesellschaft zu leisten, mit den Füßen auf dem Boden zu beten. Und vielleicht ist es ja die buchstäbliche Umsetzung von »Geh mit Gott!«

Als ich *Ett bruset Halleluja* (»Ein gebrochenes Halleluja«) schrieb, ein Buch, in dem es – zumindest auf einer der Bedeutungsebenen – um Kirchenglocken geht, reiste ich nach Großbritannien, um an einer Konferenz für Glöckner teilzunehmen. Ich war ein seltsamer Vogel in dieser Versammlung, aber ich fand schnell Freunde. Einer von ihnen war der Pfarrer und Bischof Barry Peachey, der damals in Lincolnshire tätig war. Barry wies mich auf einen Aspekt des Betens mit dem Körper hin, den ich nicht vergessen werde.

Bei einer Tasse Kaffee erzählte er mir, dass er schon seit fast vierzig Jahren die Glocken läute – erst als Student, dann als Pfarrer und jetzt als Bischof der anglikanischen Kirche. Am Ende unseres Gesprächs verriet er mir noch, dass er keine stillen Räume mag, wo Leute sich nur vorsichtig bewegen, flüsternd beten oder still Kerzen anzünden. Er wolle immer etwas tun, den ganzen Körper einsetzen, wenn er Gott anbete, seiner Sehnsucht eine starke Stimme geben. Und all das finde er beim Läuten. Auf meine Frage, warum er denn als Bischof immer noch die Glocken selber läute, antwortete er: »Weil ich keine andere Art kenne, Gott anzubeten, bei der man so ins Schwitzen kommt.«

12

Der kosmische Tanz

Nur wer einem Rhythmus folgt,
der dem eigenen übergeordnet ist, der ist frei.

Nikos Kazantzakis

Vor vielen Jahren nahm ich an einer ökumenischen Konferenz in Manila, der Hauptstadt der Philippinen, teil. Wir waren 5 000 Teilnehmer aus der ganzen Welt. Jeder Konferenztag begann am Morgen mit einer Andacht, die von einem Chinesen gehalten wurde. Die Aussprache des R fiel ihm schwer; aus seinem Mund klang es wie ein L. Und so begann er immer sehr ernst und mit gehobenen Händen das Morgengebet mit den Worten: »Let us play!«

»Traue keinem Theologen, dem es an Humor fehlt«, schreibt der Theologe und Quäker Elton Trueblood. Er spricht mit diesem Motto einen Fallstrick des geistlichen Lebens an: Wenn es zu ernst wird, wird es unmöglich.

Alles Leben ist Kampf, also auch das innere Leben. Aber durch alles menschliche Leben fließen auch Ströme der Freude. Manche Lebensabschnitte sind so schwierig, dass diese Ströme austrocknen und zu kleinen Rinnsalen werden, in anderen Phasen ist die Freude so groß, dass sie über alle Ufer tritt und alles mit sich reißt.

Um das geistliche Leben einem Lackmustest zu unterziehen, untersucht man es am besten auf seine Leichtigkeit. Wenn es da nichts Spielerisches gibt, wenn kein Abstand möglich ist, wenn nicht irgendwo ein Lächeln durchschimmert, dann sollte man stutzig werden. Das gilt ebenso für das innere Leben als Raum für die Stille. Wenn das, was über das Gebet gesagt oder geschrieben wird, exklusiv klingt oder das streift, was ein guter Freund von mir das »Wir-die-wir-es-besser-wissen-Christentum« nennt, dann denke ich an meinen lieben chinesischen Kollegen, mache seinen Akzent nach und sage: »Let us play!«

Ich will Leichtigkeit und Ungezwungenheit im Umgang und im Gespräch mit Gott nicht verlieren. Beten ist eine ernste Sache, aber da ist auch etwas Neugieriges dabei, eine Sehnsucht, etwas, das öffnet und verändert, etwas, das einen Menschen dahin führt, wo er nie hinzugelangen geglaubt hätte. Es gibt eine Verspieltheit, die das Gebetsleben durchzieht und die sich durch Dunkelheit und Widerstand nur vorübergehend eingrenzen lässt.

In den letzten Jahren habe ich viel zum Thema Gebet gelesen, und ich habe versucht, bei denen, die ein Leben des Gebets führen und darüber schreiben, einen gemeinsamen Nenner zu finden. Bei dieser Suche bin ich auf die Veröffentlichung der Königlichen Akademie der Wissenschaften gestoßen und habe das Zitat vom Klang der himmlischen Räume gefunden, der dem Vogelgezwitscher ähnelt, ein Bild, das mir einen spontanen Jubel entlockt hat. Ich habe viele kluge und tiefschürfende Texte und Porträts betender Menschen gelesen, aber leider waren sie meist so humorlos, dass ich die Lektüre abgebrochen habe. Aber eine Sache habe ich doch gemerkt und behalten: Verrückterweise findet man die Leichtigkeit oft in den scheinbar strengsten geistlichen Gemeinschaften. Als könnte die äußere Ordnung dabei helfen, innere Freiheit zu schaffen.

Ich will Leichtigkeit und Ungezwungenheit im Umgang und im Gespräch mit Gott nicht verlieren.

Ein Beleg dafür sind die Tagebücher von Thomas Merton, Ähnliches findet man aber auch bei Johannes vom Kreuz und bei Teresa von Ávila, die sich sowohl humorvoll als auch drastisch ausdrückte, auch wenn sie Nonne war. Als sie zum Beispiel auf dem Weg zu einem wichtigen Termin mit ihrem Ochsenkarren im Schlamm stecken blieb, sagte sie zu Gott: »Also, wenn du so mit deinen Freunden umgehst, dann wundert es mich nicht, dass du nur so wenige hast!« Die Genannten waren keine Humoristen – weit gefehlt –, aber man findet bei ihnen eine Leichtigkeit, die einen dazu bringt, auch die »harten Nüsse« zu akzeptieren, die man in ihren Geschichten und Aufzeichnungen findet.

Um das verborgene Leben mit Gott zu beschreiben, wird es manchmal mit einem Tanz verglichen. Vielleicht nicht so ein Tanz, wie ich ihn mit meinen indischen Kollegen getanzt habe, aber doch irgendeine Art von rhythmischer Bewegung. In der freikirchlichen Welt der Sechzigerjahre, in der ich aufgewachsen bin, gehörte Tanzen zu den Dingen, die suspekt waren. Eigentlich war es nicht der Tanz selbst, sondern all das Elend, das aus dem Tanzen hervorzugehen schien. Als wir in der Turnhalle unserer Schule Walzer tanzen lernen sollten, saßen der Sohn des Pastors und ich auf dem Sprungkasten und schauten zu. Wir haben wohl keinen größeren Schaden davongetragen, aber wir wurden natürlich auch keine Tänzer.

Das Bild vom inneren Leben als einem Tanz hat seine Wurzeln tief in der Kirchengeschichte. Es ist das einladende und lebendige Bild der Gemeinschaft mit Gott. Im Tanzen entsteht etwas, das alles andere als konformistisch oder trist ist. Vom Paartanz verstehe ich immerhin so viel, dass es eine Person gibt, die führt, und eine, die folgt. Für die geistliche Welt könnte man sagen, dass es drei sind, die führen, und der Mensch ist zusammen mit allem anderen Geschaffenen eingeladen zu folgen. Wir geben uns hinein in den Tanz, der innerhalb der Gottheit immer schon getanzt wird, in das, was Thomas Merton den kosmischen Tanz nennt.

Paul Quenon, ein Schüler Mertons im Kloster *Our Lady of Gethsemani* in Kentucky/USA, hat darüber geschrieben. Mehr als sechzig Jahre hat er innerhalb der Klostermauern gelebt und dieses Leben als das freieste Leben beschrieben.

Sein Erinnerungsbuch *In Praise of the Useless Life* (»Ein Lob auf das nutzlose Leben«) beginnt mit den Worten: »Ich bin immer im Urlaub«, und dann geht es weiter: »diese überraschende Beschreibung trifft das Leben, zu dem ich schon sehr jung berufen wurde.«

Quenon bezieht sich auf einen Ausdruck in der griechischen Theologie, der die Dreieinigkeit als *perichoresis* beschreibt, als Kreistanz. Die Tänzer sind getrennte Personen, die aber im Wirbel des Tanzes ununterscheidbar werden. Ins Lateinische wurde dieser Ausdruck mit einem Wort übersetzt, dem der Aspekt der Bewegung fehlt: *circumincessio*. Es beschreibt eher eine Beziehung der gegenseitigen Abhängigkeit und Innewohnung. Um es mit Jesu Worten zu sagen: »Der Vater in mir und ich im Vater.«

Beide Bilder sind hilfreich und verlockend. Gott wird in dieser Bildersprache zu etwas Dynamischem, Lebendigem und – wie im Tanz – in Bewegung Befindlichem, er nimmt all unsere irdischen Halbfertigkeiten und lässt sie in der himmlischen Choreografie aufgehen. Die Bewegung gibt es schon, wir dürfen uns einfach anschließen. Innerhalb der Dreieinigkeit gibt es ein perfektes Zusammenspiel, eine ewige, aufeinander bezogene Bewegung, die keine Konkurrenz kennt. Wenn man die Bibel liest, versteht man, dass keine der drei göttlichen Personen das Rampenlicht für sich allein haben will. Alle weisen von sich selbst weg auf die anderen. Zwischen den dreien gibt es etwas wie einen ständigen Fluss der Liebe, und im Gebet werden wir in diese sich ständig erweiternde Beziehung hineingenommen.

Wer »im Namen des Vaters, des Sohnes und des Heiligen Geistes« betet, wird in dieses Kraftfeld hineingezogen. Dass wir uns an eine bestimmte »Adresse« wenden, ist keine Begrenzung; darin liegt vielmehr eine Öffnung. Da ist nichts Kompliziertes oder Schwieriges. Es wird schon getanzt! Da sind Hände, die wir ergreifen können. Wir müssen es nur wagen, uns »hineinzuwerfen« in den Kreis.

Ich wünschte, ich hätte davon gehört, als ich jung war und glaubte, Beten sei harte Arbeit oder der letzte Ausweg aus einer verfahrenen Situation. Dann hätte ich mich vielleicht früher vom Sprungkasten heruntergetraut und die Tanzschritte gelernt.

Innerhalb der Dreieinigkeit gibt es ein perfektes Zusammenspiel, eine Bewegung, die keine Konkurrenz kennt.

Paul Quenon erzählt, dass er diese Bewegung am stärksten anlässlich der Beerdigung eines Klosterbruders gespürt hat. Beim Schlusssegen nach der langen Begräbnisliturgie, kurz bevor der Sarg durch das Westportal hinaus auf den Klosterhof getragen wurde, spürte er plötzlich ein Kribbeln im Magen, ähnlich dem, das er als Schuljunge gespürt hatte, wenn die Sommerferien begannen: »Die Schule ist aus, jetzt wird es lustig!« Am stärksten jedoch war dieses Gefühl bei der Beerdigung von Thomas Merton. Quenon schreibt, dass er in sich ein »Yes!« hörte. Und wie er körperlich spürte, dass Merton »das Ende einer langen Ausbildung erreicht hatte, dass Gott ihn endlich in die endlose Bewegung des kosmischen Tanzes hineinzog, hinein in die unbegrenzte Tiefe und die nicht zu übersteigende Höhe in Gott«.

Wie so vieles andere hatte Quenon auch diese Sicht von seinem Mentor gelernt. In *Thomas Merton on Prayer* (»Thomas Merton über das Gebet«) schreibt Merton: »Was für Menschen ernst und schwer ist, ist in Gottes Augen oft trivial. Was uns bei Gott als ›Spiel‹ erscheinen mag, das nimmt er selbst vielleicht am ernstesten.« Und dann schreibt er weiter: »Wenn wir damit aufhören könnten, herausfinden zu wollen, was der Sinn des Ganzen ist, können wir vielleicht seinen Ruf hören und ihm in seinem mystischen, kosmischen Tanz folgen.«

Martin Lönnebo beginnt sein Buch *Pärlälven* (»Perlenfluss«), dem Fastenbuch der Schwedischen Kirche für das Jahr 2019, mit den Worten: »Dieses Buch ist ein heiliges Spiel«, und: »Das Spiel der Kinder ist eine Vorbereitung auf das Leben. Das gilt auch für das Spiel der Erwachsenen.« Manchmal hat Martin seine Briefe an mich unterschrieben mit »Dein Spielkamerad«.

In meinem Buch *Warum Ruhe unsere Rettung ist* schreibe ich über den Sabbat als Rhythmus und Lebensstil: dass man nicht auf sich selbst gestellt einen Rhythmus finden muss, sondern sich einfach in das fallen lassen kann, was seit Jahrtausenden praktiziert wird und seinen Ursprung in der Schöpfung der Welt hat.

Wenn man sich nur mal für einige Abende dem geschäftigen Trubel entzieht und sich stattdessen mit einigen Büchern zum inneren Leben, zu Stille, Gebet und geistlicher Vertiefung im Sofa vergräbt, dann stellt man schnell fest, dass es eine Sache gibt, die immer wieder auftaucht: die Wiederholung. Sie ist für unser Leben wie ein Metronom. Nicht im Sinne der Monotonie oder Einförmigkeit, sondern als Ordnung der Schritte im Tanz. Am Anfang muss man sich mit der Form vertraut machen, die Schritte lernen, bis sie ganz selbstverständlich werden und man gar nicht mehr an die richtige Reihenfolge denkt – dann erst beginnt man zu tanzen.

13

Wir werden mit hundert Sprachen geboren

Wie kann man Mensch sein, ohne zu beten?

Abraham Joshua Heschel in The Sabbath

»Die Geschichte des Gebets erzählt vom Unmöglichen: davon, wie Wesen aus Fleisch und Blut den Himmel bestürmen, mit dem Schöpfer des Universums sprechen und wie sie auf Antwort warten – vertrauend oder hoffnungsvoll-skeptisch.« So beginnt das Buch *Prayer. A History*, eine Geschichte des Gebets von der prähistorischen Zeit bis zu unseren Tagen.

»In den Zeiten der Verfolgung geschah das Beten unter der Erde und setzte sich in der Tiefe der Seelen fort«, schreiben die Autoren Philip und Carol Zaleski. Archäologische Funde geben Hinweise auf Menschen, die gebetet haben: Überreste von Tieren, die bei religiösen Handlungen eine Rolle spielten,

Spuren von Ritualen und Übergangsriten und nicht zuletzt von Begräbnissen. Angefangen bei der Frage, wie man sich bei der Bestattung der Toten an der Himmelsrichtung orientierte und was man ihnen mit ins Grab gab, bis dazu, wie diese Riten wohl das Leben hier mit dem kommenden verbinden sollten. Es finden sich Zeichen dafür, dass die Hinterbliebenen für das ewige Wohl der Toten beteten. Darauf deuten Höhlenzeichnungen hin, die betende Menschen zeigen.

An wen das Gebet sich richtete, ist unterschiedlich. Da gibt es alles, von Hirschen oder Fischen bis zu den verschiedenen Versuchen, das Göttliche abzubilden. Aber das Muster ist deutlich: Wo es Menschen gab, gab es auch Beter.

Wo es Menschen gab, gab es auch Beter.

Parallel zum Buch *Prayer. A History* las ich die Bibel. Angefangen ganz vorne und dann immer weiter. Nicht die ganze Bibel, aber doch so weit, bis ich die Antwort auf meine Frage gefunden hatte: Wie kam der Mensch darauf, dass er beten kann? Und ich gelangte zu derselben Erkenntnis: Wo es Menschen gab, gab es auch Beter.

Im 1. Buch Mose wird beschrieben, wie das Leben der ersten Menschen, Adam und Eva, im Garten Eden begann. Die erste Beschreibung, die wir von ihrem Erdenleben erhalten, gibt Auskunft von einer Zeit, als es genauso natürlich war, nackt zu sein wie mit Gott zu reden. Im Gespräch zu sein war selbstverständlich. Das Menschenleben war vom ersten Atemzug an Kommunikation mit dem Unsichtbaren. Gleichzeitig musste ich einsehen, wie kurz dieser paradiesische Zustand währte. Schon bald gibt es Ärger. Adam und Eva beschuldigen einander, sie werden die Eltern von Kain und Abel, und als die erwachsen sind, werden aus den Problemen handfeste Konflikte. Mord und Totschlag von Generation zu Generation. Als ich 1. Mose 4 und seinen letzten Vers erreicht hatte, fand ich, was ich suchte: »Zu der Zeit fing man an, den Namen des Herrn anzurufen.«

In den Versen, die diesen kurzen Satz umranken, ist von lauter Verirrungen die Rede, die wir auch aus unserer Gegenwart kennen: kranke Beziehungen, Menschen, die einander schaden, obwohl sie das vermutlich gar nicht wollen, Liebe und Zärtlichkeit, vermischt mit Ohnmacht und Sorge. Und interessanterweise geschieht das alles nur eine Generation vom Paradies entfernt.

Daraus kann man sicher viele und unterschiedliche Schlüsse ziehen. Diese hier ziehe ich:

- Es war ganz sicher nie einfach, ein Mensch zu sein.
- Das Gebet war Tausende von Jahren lang die natürliche Reaktion des Menschen auf diese Einsicht.
- Wer betet, ist weder der Erste noch der Letzte, er tut auch nichts Ungewöhnliches, sondern einfach etwas Menschliches.

Gebetet wird in allen Religionen. Sogar Atheisten finden ihren Weg zum Gebet. In der Hochzeit des Kommunismus zur Zeit der Sowjetunion stattet man den kleinen heimischen Altar in den Häusern mit sogenannten roten Ecken aus: mit

Bildern von Stalin anstelle von Ikonen. Die Zeitung Prawda machte begeistert mit und gab ihren Lesern 1950 folgenden Rat: »Wenn du bei der Arbeit auf Schwierigkeiten stößt und plötzlich an deinen Fähigkeiten zweifelst, dann denke an ihn, an Stalin. So findest du das Selbstvertrauen, das du brauchst. Wenn du dich zu einem Zeitpunkt müde fühlst, an dem du nicht müde sein darfst, dann denke doch an ihn, Stalin, und deine Arbeit wird dir gut von der Hand gehen. Wenn du nach der richtigen Entscheidung suchst, denk an ihn, Stalin, dann wirst du richtig entscheiden.«

Ich glaube, Gott hat die Menschen mit dem Gebet als ihrer natürlichen Kommunikationsweise erschaffen. Niemand muss einem Kind beibringen, wie man weint, schreit, lacht oder brabbelt. Sie wissen es einfach. Mit dem Gebet scheint es genauso zu sein. Das Gesicht des Menschen ist sozusagen von Geburt an Gott zugewandt und in Kommunikation mit ihm, lange bevor er sich dessen bewusst ist.

Gott hat die Menschen mit dem Gebet als ihrer natürlichen Kommunikationsweise erschaffen.

Diese Tatsache hat Auswirkungen auf den Wert des Menschen. Er ist, bevor er tut. Als Hagar ihren Sohn in der Wüste auf den Boden legt, damit er dort stirbt, heißt es: »Gott hat die Stimme des Knaben gehört« (1. Mose 21,17). Auch das kleine Kind hat eine Beziehung zu Gott, und die ist nicht abhängig davon, dass eine erwachsene Person für das Kind oder mit dem Kind betet. Sehr viel später wird das auch in den Psalmen betont:

»Aus dem Munde der jungen Kinder und Säuglinge hast du eine Macht zugerichtet« (Psalm 8,3).

Es ist ganz einfach: Wir beten, weil wir es nicht lassen können. Unser Gebet zeigt an, dass wir da sind, dass wir lebendig sind. Und nie sind wir menschlicher, als wenn wir beten. Mehr noch: Wir sind nie mehr wir selbst, als wenn wir beten. Wir sind unvollkommene Wesen, die sich nach Vollkommenheit ausstrecken. Wir beten, weil das Leben mehr ist als das, was ein Mensch fassen kann. Unser Dank, unser Lobgesang, unser Bedürfnis, etwas anzubeten, unsere verzweifelten Rufe, wenn wir uns ausgeliefert fühlen, das alles will an einen Adressaten gerichtet sein. Das lässt mich an die Reggio-Pädagogik denken, die davon ausgeht, dass ein Kind mit hundert Sprachen geboren wird, von denen es die meisten im Laufe seines Aufwachsens verliert. Vielleicht ist es bei der Sprache des Gebets genauso?

Ich versuche, die Geschichte des Gebets bezogen auf mein eigenes Leben nachzuzeichnen. Als jemand, der in einer Familie aufgewachsen ist, in der das Beten etwas ganz Natürliches und Alltägliches war, bekam ich eine gute Grundausstattung gratis mit. Das erste Gebet, das ich nach *Gud som haver barnen kär* lernte (»Gott, der du die Kinder liebst« entsprach an Popularität etwa unserem »Ich bin klein, mein Herz ist rein«, Anm. d. Übers.), war eine Art Nachtrag oder Zusatz zu diesem Gebet, den mein Vater einführte, warum auch immer. Wir sprachen ihn nach dem Amen des Abendgebets und schlossen ihn mit einem zweiten Amen ab. Er hieß: »Schaffe in mir, Gott, ein reines Herz. Amen.« Später verstand ich, dass dieser Satz ein Zitat aus den Psalmen ist: »Schaffe in mir, Gott, ein reines Herz, und gib mir einen neuen, beständigen Geist« (Psalm 51,12).

Ich weiß noch, dass ich immer gähnen musste, wenn wir *Gud som haver* beteten. Und das wiederholte sich, als ich später mit unseren eigenen kleinen Kindern dieses Gebet sprach. Ich glaube nicht, dass das Gähnen Ausdruck von Müdigkeit war, eher schon ein Ausdruck von Geborgenheit. Das Gebet auf der Schwelle zwischen den Aktivitäten des Tages und der Ruhe der Nacht schaffte eine Geborgenheit vergleichbar dem Gefühl, das sich einstellte, wenn Papa und Mama wieder in ihre Zimmer zurückgingen. Sie ließen uns allein – mit offener Kinderzimmertür, aber ohne Sichtkontakt: So wachte Gott über uns. Das Gähnen war die Antwort meines Körpers darauf.

Papa lag gar nicht so daneben, wenn er das Amen zweimal sprach. Das zweifache Amen wird von Jesus selbst gebraucht; es war eine Art, einer Sache Nachdruck zu verliehen. Als würde man einen Nagel einschlagen und einen letzten Extra-Schlag ausführen: So, jetzt sitzt er.

»Reinheit des Herzens ist, in Wahrheit eines zu wollen«, schreibt Sören Kierkegaard in seinem Buch *Erbauliche Reden in verschiedenem Geist* (1847). Ich glaube nicht, dass mein Vater je Kierkegaard gelesen hat, er wusste es einfach auf eine andere, eher intuitive Weise, und so gab er meinem Bruder und mir eines der wichtigsten Gebete unseres Lebens mit: die Bitte um ein reines Herz.

Das reine Herz wird in einem Wunder der Schöpfung geboren, und wenn es verloren geht, wird das Leben schwer. Erst als Erwachsener habe ich verstanden, dass die Sprache, mit der ich geboren wurde – eine der »hundert Sprachen«, um mit der Reggio-Pädagogik zu sprechen –, in meinem Fall nicht nur überlebte, sondern sich weiterentwickeln konnte, weil mein Umfeld diese »Sprachentwicklung« unterstützte. Und in den sechzig Jahren, die seitdem vergangen sind, hat diese Sprache die Chance gehabt, sich zu mehr als einer Sprache zu entwickeln, eher zu einem ganzen Sprach-Cluster: Stille, Wort, Körpersprache, Tränen, Sprachengebet, auch Zungenrede genannt, heilige Handlungen und vieles mehr.

Wo das Gebet lebt, gibt es kein Vorher und Nachher. Selbst der Gang der Zeit ist aufgehoben. Man kann für etwas beten, für das es schon zu spät ist, man kann für etwas danken, das noch gar nicht passiert ist. Gebet ist eine Freifahrt in der geistlichen Welt. Die Bitte um ein reines Herz habe ich beibehalten, genauer gesagt: Ich bin zu ihr zurückgekehrt, denn das Leben scheint sich in Kreisen zu bewegen. Man bewegt sich vorwärts, aber erstaunlich oft entdeckt man, dass man wieder an einem Punkt ist, an dem man früher schon einmal war, jetzt mit neuer Lebenserfahrung im Gepäck.

Wo das Gebet lebt, gibt es kein Vorher und Nachher.

Ich erkenne bei mir das wachsende Bedürfnis, jeden Tag darum zu bitten, dass das Herz, das Zentrum meines Lebens, rein bewahrt werden möge. Ich erliege keineswegs der Illusion, ich könnte einen Tag meines Lebens ganz »fleckenfrei« bleiben. Eine herablassende Bemerkung hier, ein richtender Gedanke da, Hochmut und Eifersucht, Mangel an Empathie. So vieles sorgt dafür, dass man das schöne Gefühl verliert, wie frisch gewaschen zu sein. Ich bete nicht mehr *Gud som haver*, aber an dem kurzen Anhang halte ich fest. Hier will ich gerne mein Leben leben: zwischen Amen und Amen. Das Wort Amen soll meinen Tag umhegen, so wie die Cherubim den Garten Eden umstellten und wie die Ulmen auf beiden Seiten unseres Hauses unser Heim bewachen.

Erst wenn man eine Sprache gebraucht, wächst und entwickelt sie sich. Es ist schwierig, über diese Entwicklung und Erweiterung zu sprechen, ohne das Gebet kleinzumachen. Wie man es auch versucht, es ist, als wolle man die Landschaft von Wyoming mit einer Handykamera einfangen. Ich will es dennoch versuchen.

»Das Leben ist voller Überraschungen, und kein Leben ist so überraschend wie das Gebetsleben«, schreibt der Jesuit William Johnston. Das fasst auch meine Erfahrungen gut zusammen. Die Welt des Gebets überrascht mich ständig, weil in ihr mehr geschieht, als ich je für möglich gehalten hätte, und weil sich in ihr Situationen und Gefühle jenseits aller Logik verändern. Ein anderes Mal überrascht sie durch Enttäuschung: Offenbar geschieht nichts, wenn ich bete; dabei ist das Anliegen so dringend.

Warum man beten soll, versteht man erst, wenn man betet. Es ist so ähnlich wie bei den In-App-Käufen auf dem Handy:

Wenn man eine App gekauft hat, eröffnet sich ein ganzes Spektrum von neuen Möglichkeiten durch weitere Käufe. Mit dem Gebet ist es vergleichbar, nur dass alles gratis ist.

Der September ging in den Oktober über, als ich verstand, dass es ein schwieriger Tag werden würde. Ich hatte einige heftige Stürme erlebt, die um mich herum wüteten, dann war der Wind abgeflaut, und ich hatte angenommen, dass das Schlimmste hinter mir und eine ruhigere Zeit vor mir lag. Ich fühlte mich körperlich und seelisch müde. Ich ging mit mir selbst ins Gericht, mit meinem Ungenügen und mit diesem dauerhaften Gefühl, niemals zur Ruhe kommen zu können. Ausgerechnet da zog eine neue Unwetterfront auf. Ich wusste sofort, dass meine Kräfte nicht mehr reichen würden. Meine Unruhe wuchs – sie war das Einzige in mir, das noch die Kraft hatte zu wachsen – und legte sich als Last auf meine Brust.

Warum man beten soll, versteht man erst, wenn man betet.

Obwohl es bei dem Problem eigentlich um andere Menschen und nicht um mich ging, schaffte ich es, mich selbst mitgemeint und schuldig zu fühlen. Ich hätte mehr tun können, die Sache früher erkennen müssen. Die Anklagen hagelten auf mich nieder, und am Morgen stieg ich schweißgebadet aus dem Bett. Draußen riss der Wind an den Ästen. Ich kauerte mich auf den Gebetsteppich auf dem Boden. Ich betete das Vaterunser, setzte mich dann in den Sessel, öffnete die Psalmen-App, setzte die Kopfhörer auf und schlug gleichzeitig die (Papier-)Bibel auf, die auf meinem Schoß lag. Ich war bei Psalm 38 und hörte völlig lustlos und kraftlos zu.

»Mein Seufzen ist dir nicht verborgen.« Nach wenigen Psalmversen kam dieser Satz, und ich drückte auf Stopp. Es fällt mir schwer zu beschreiben, was genau passierte, aber etwas Schweres und Schwarzes wurde von mir genommen und fiel auf den Boden. Ich begriff etwas, das ich eigentlich längst wusste – auch Seufzer sind Gebete –, aber was mich in diesem Moment berührte und wie eine Erkenntnis traf, war, dass diese Seufzer gleichsam offen vor Gott liegen. Und dass sie das immer schon taten.

So kann man das Gebet auch beschreiben: ein Seufzer, der gesehen oder gehört wird. Ein tiefes Ausatmen. Von hier ist der Weg nicht weit zum wortlosen Gebet, wie die biblische Hanna es ist ihrer tiefsten Trauer ausdrückt. Eli sieht sie: weinend, gedemütigt und trauernd. Sie isst nicht. Sie spricht nicht. Sie weint. Und sie bewegt die Lippen. »Hanna redete in ihrem Herzen, nur ihre Lippen bewegten sich, ihre Stimme aber hörte man nicht« (1. Samuel 1,13). Es spricht einiges dafür, dass man das wortlose Gebet damals kaum kannte und dass Eli deshalb so heftig reagiert. Er glaubt nämlich, Hanna sei betrunken.

Tränen und Stille sind Schwestern. Aber was, wenn es noch ein unbekannte Drillingsschwester gäbe? Und wenn sie Sprachengebet hieße? Es ist schwierig, etwas über diese Gebetssprache zu sagen, die so oft verhöhnt, missbraucht und missverstanden wurde – ähnlich wie die Tränen. In dem einen Fall riskiert man, als sentimental zu gelten, im anderen als schwärmerisch. Ich kann mit beidem leben. Tränen sind Gebet in seiner flüssigen Form, könnte man sagen, auch wenn es irgendwie unlogisch zu sein scheint, dass der Körper Wasser herauspresst, wenn das, für das es keine Sprache gibt, dennoch gesagt werden muss.

Das Sprachengebet ist auch eine Art Wasser, das aus einer inneren Quelle aufsteigt. Nach außen tritt es als Worte, die es nicht gibt oder die man nicht kennt. Aber nur weil die Worte unbegreiflich oder unbekannt sind, muss das nicht heißen, dass sie ohne Bedeutung sind. »Wer in Zungen redet, der redet nicht zu Menschen, sondern zu Gott; denn niemand versteht ihn: im Geist redet er Geheimnisse«, schreibt Paulus (1. Korinther 14,2-3).

Ich glaube, dass die »Geheimnisperle« der Perlen des Glaubens und das schöne, stille Gebet »in Zungen« einander in ihrem Ton ähneln. Sie erhalten beide ihre »Stimmung« von dem, was sich nicht begrifflich formulieren lässt, was man niemand anderem als Gott sagen kann. Das Sprachengebet ist noch viel mehr als das, aber das auch. Stille, Tränen und Sprachengebet. Ich wünschte, Letztere hielte sich häufiger in Gesellschaft ihrer zwei Schwestern auf statt in der Gesellschaft effektheischender Fanatiker, die diese Gabe auf eine beschämende Weise benutzen, viele Menschen abschrecken und nichts als verbrannte Erde hinterlassen.

»Du bist doch so gescheit, du sprichst bestimmt nicht in Zungen«, sagen manchmal Leute, die hören, dass ich aus einer Pfingstkirche stamme.

»Doch«, sage ich dann, »und manchmal weine ich auch.«

»Kommt es nicht manchmal auch vor, dass du das Gebet überspringst?«, fragte ein Bekannter, als er verstand, dass das Beten in meinem Leben eine zentrale Rolle spielt. Ich musste nicht lange überlegen, wie meine aufrichtige Antwort lauten musste: Nein. Dennoch zögerte ich ein bisschen, ehe ich antwortete, schließlich ist das eigene Gebet etwas, worum man so wenige Worte wie möglich machen sollte. In seiner authentischsten Form ist es das Gespräch zweier Personen, die nicht ohneeinander leben können, ein Gespräch hinter verschlossenen Türen. Es lebt davon, dass es in einer verborgenen Welt stattfindet.

Das Gebet ist etwas Dynamisches, ständig in Veränderung begriffen.

Es ist gut, lange bei einer Sache zu bleiben, dann sieht man, was sich abnutzt und was ein Leben lang hält. Täglich und ein Leben lang zu beten, bedeutet nicht, dass es eine statische Angelegenheit wäre. Das Gebet ist etwas Dynamisches, ständig in Veränderung begriffen.

In meinem Leben hat sich das Gebet vom festen Abendritual meiner Kindheit zur freimütigen Bitte des Jugendlichen um Gottes verwandelnde Kraft, ja, beinahe zur »Bestellung« dieser Kraft weiterentwickelt. In den Jahren, in denen ich Vater von Kleinkindern war, ging es meist darum, Gott seufzend um Schutz zu bitten oder darum, dass dies oder jenes einfach klappen sollte. Später, in der schwierigsten Krankheitszeit unserer Söhne, war alles wie zusammengepresst in einem einzigen unartikulierten Schrei des Herzens.

Nach dem Tod unserer Söhne folgte Stille. Eine Stille, die wir erst als eine schmerzliche Gottesferne auffassten, die sich aber mit der Zeit als das Nahesein eines Gottes, der schweigt und mitleidet, erwies. Schweigt, weil es nichts zu sagen gibt. Und doch ist da immer das Gespräch zwischen Himmel und Erde. Mit oder ohne Worte. Wie eine Liebe, die sich durch das Leben vertieft. Mit den Jahren und während die unterschiedlichen Lebensumstände ihre Spuren hinterlassen, kann der betende Mensch immer noch weitere, vielleicht verloren gegangene Sprachen des Gebets entdecken. Diese Sprachen sollten nicht beurteilt oder bewertet werden. Sie stehen in keinem Konkurrenzverhältnis zueinander; keine von ihnen ist heiliger oder besser als die andere.

Heute ist das Gebet für mich etwas, das meinen Lebensraum erweitert, gerade so, wie ein tiefer Atemzug die Brust weit macht. Ganz langsam drückt das Gebet gegen die Wände und macht den Raum größer, bis mehr hineingeht, mehr dort nebeneinander Platz findet, auch wenn es von außen betrachtet nicht zusammenpasst: Klagelied und Lobgesang. Stille und Ruf. Verzweiflung und Trost.

Im Grunde geht es immer um eine Sache: das aufrichtige Herz. Kurz: zu sagen, was ist.

Es gibt ein Buch in der Bibel, in dem das mehr als in den anderen geschieht. Es heißt Klagelieder und gehört zum

Alten Testament. Es ist ein ungewöhnlich aufrichtiger und ungeschönter Text, und doch ist er in Gedichtform geschrieben. In der Zeit, in der diese Gedichte entstanden sind, gab es wahrlich Grund zur Klage. Und dass es diese Art von Text unter den biblischen Büchern überhaupt gibt, sagt etwas Grundsätzliches über das Gebet. Mitten in dieser langen Klage gibt es einen Vers, der wie ein Stern auf dunklem Grund leuchtet: »Schütte dein Herz aus vor dem Herrn wie Wasser. Hebe deine Hände zu ihm auf um des Lebens deiner jungen Kinder willen« (Klagelieder 2,19).

Das Bild, das einem hier vor Augen tritt, ist das eines kleinen, verzweifelten Menschen, der sich Gott nähert, als das Unfassbare geschehen ist. Gott jetzt zu danken, hieße zu lügen oder Theater zu spielen. Nur ein Ausdruck ist legitim: die Klage. Da steht er mit allem, was sein Leben ausmacht, und es klingt, als hätte er alles in einem Eimer gesammelt. Und Gott fordert den Betenden nicht auf, doch das Gute herauszusuchen, das Schöne und Tröstliche, und sich mit allem anderen zurückzuhalten. Der Verzweifelte bekommt einen anderen Rat: »Schütte dein Herz aus wie Wasser.« Kippe alles vor Gottes Thron, so wie man einen Eimer Wasser über dem Boden leert. So entsteht der Zugang zu einer der unverzichtbaren Sprachen des Gebets: der Klage.

Kaum jemand hat diese Sprache des Gebets so beschrieben, wie C. S. Lewis es getan hat. Nach dem Tod seiner Frau Helen – genannt Joy – fühlt er sich so ausgeliefert, dass er den Mut aufbringt, sich in den »Nahkampf« mit Gott zu begeben. Seine Tagebuchaufzeichnungen aus der Zeit, die er an ihrem Sterbebett verbrachte, gehören zum Bewegendsten, was man lesen kann. Lewis scheut sich nicht, Gott einen »gehässigen Verrückten« zu nennen, einen »aberwitzigen Sadisten«. Er rechnet ab mit dem Gott, der ihm Liebe schenkte und seine Gebete erhörte, um im nächsten Moment sein Glück zu durchkreuzen. Am Ende dieses rasenden Angriffs schreibt Lewis: »Man ist versucht zu sagen: Gott, vergib Gott! Aber wenn unser Glaube wahr ist, dann vergab er ihm nicht. Er kreuzigte ihn.«

Was beeindruckt, ist nicht nur Lewis' Mut, in den Nahkampf zu gehen, sondern auch, wohin dieser Kampf ihn führt, nämlich in eine spürbare Konzentration auf die Wirklichkeit und eine größere Forderung an die Wirklichkeit. »Ich brauche Jesus Christus, nicht jemanden, der ihm ähnlich ist.«

Unzählige Menschen haben seit 1961, als dieses Buch erschien – *A Grief Observed* (»Über die Trauer«) –, bei der Ehrlichkeit des Autors Zuflucht gefunden. Viele haben Lewis' mutigen Text hilfreich gefunden, um sich eine der Sprachen des Gebets wiederzuerobern, die sie verloren hatten. Interessant ist, dass derselbe C. S. Lewis auch Texte geschrieben hat, die vielleicht den größten Gegensatz zur Klage bilden: Loblieder. Aber vielleicht gehören ja beide zusammen? Verzweiflung und Einsamkeit müssen ausgeschüttet werden, bevor der Lobgesang in unserem Inneren Platz findet. Aufrichtigkeit befreit und führt dazu, dass wir den Realitäten des Lebens Raum geben. Zur Aufrichtigkeit gehört auch das Recht, glauben zu dürfen, dass die Dinge sich wenden können, dass eine Zeit kommen kann, in der das Danken sich wieder richtig anfühlt.

Als C. S. Lewis zu einem glaubenden Menschen wurde, tat er sich schwer mit dem Gedanken, Gott wolle, dass seine Kinder ihm ständig sagten, »wie gut er sei«. Große Teile der Psalmen ärgerten ihn deshalb. Warum müssen Wale und Schneestürme aufgefordert werden, Gott zu preisen, wenn sie das vermutlich ohnehin immer schon tun? Es fiel ihm leichter zu verstehen, dass man Gott gehorchen oder ihn ehren, als dass man ihn preisen soll.

Verzweiflung und Einsamkeit müssen ausgeschüttet werden, bevor der Lobgesang in unserem Inneren Platz findet.

In seinem Buch *Das Gespräch mit Gott. Beten mit den Psalmen* beschreibt er, wie sein Grübeln zu der Entdeckung führte, dass er etwas verpasst hatte. Lewis schreibt: »Die Begeisterung ist unvollständig, wenn man ihr keinen Ausdruck gibt.« Als Beispiel nennt er das frustrierende Gefühl, wenn man einen neuen Schriftsteller entdeckt hat, aber niemanden kennt, dem man davon erzählen könnte.

Lewis stellte fest, dass er sich, wenn es um Gott ging, erstaunlicherweise weigerte, das zu tun, was wir alle eigentlich gerne tun und gar nicht sein lassen können, wenn es um die anderen wertvollen Dinge unseres Lebens geht.

Hier trifft man auf die Quelle, aus der sich die Freude speist, Gott anzubeten und ihm zu lobsingen. Es bereitet eine ähnliche Befriedigung, wie wenn man jemandem, den man liebt, sagt: »Wie schön du bist!« Dieser Satz bringt nicht nur die guten Gefühle der angesprochenen Person in Wallung, es bewirkt auch Glücksgefühle bei der Person, die ihn denkt und die Möglichkeit hat, ihn auszusprechen. Und deshalb hören Liebende nie auf, ihrer Liebe Ausdruck zu verleihen, auch wenn Jahr um Jahr vergeht. Sie wissen es bereits, aber wenn aus dem Gedanken ein Satz wird, erweckt er doch etwas zu neuem Leben.

Wenn man sich das klarmacht, versteht man sogar das Engagement von Fußballfans besser. Sie unterstützen ihre Mannschaft, indem sie singen und Sätze brüllen, die alle sagen, wie gut ihre Mannschaft ist. Und während sie das tun, werden sie selbst glücklicher. So etwas Ähnliches habe ich erlebt, als ich die Gelegenheit bekam, Eugene Peterson meinen Dank zu sagen. Ihn ausdrücken zu können, vollendete etwas in mir selbst.

So kommt in der Welt des Gebets Sprache zu Sprache, und durch jede Sprache, die man (wieder-)gewinnt, erweitert sich der Raum, und immer weitere Sprachen bekommen Platz darin. Vielleicht gehört irgendwann auch die schwierigste dazu: der Lobgesang bei Gegenwind. »Ich singe, weil ich glauben will«, schrieb die französische Karmeliterin Thérèse von Lisieux und drückte damit etwas wunderbar Hoffnungsvolles aus: Durch Lobgesang und Anbetung kann eine Zukunft gestaltet werden, von der noch nichts zu sehen ist. Die Gedichte, die die heilige Theresa schrieb, kommen aus einer tiefen persönlichen Dunkelheit, aber sie fallen durch ihren hellen Ton auf. »Ich singe von dem, was ich glauben will.« Hier werden enge Wände zurückgedrängt, um Raum zu schaffen. Dieses Gebet wartet nicht auf eine bestimmte Zukunft. Es schafft sie.

Manchmal, wenn sich etwas Bedrückendes über mein Leben legt und ich das Gefühl habe, eine zentnerschwere Last auf meinen Schultern zu tragen, hebe ich, irgendwo ganz für mich allein, meine Hände zu Gott auf und sage etwas, das ich gerade überhaupt nicht fühle: »Gott ist größer. Immer größer.« Und manchmal nehme ich mir dann das Norwegische Gesangbuch und lese einige Verse aus einem Lied von Petter Dass. Es sind vielleicht die stärksten Worte, die ich kenne:

> Gott ist Gott, und wenn alles Land wüst läge,
> Gott ist Gott, und wenn alle Menschen tot wären.

Dieses Gebet ist nicht weniger aufrichtig als eine Klage. Es ist der aufrichtige Ausdruck meines Glaubens, dass Gott eingreifen kann, dass er Dinge verändern kann und dass das letzte Wort noch nicht gesprochen ist.

»Kommt es nicht manchmal auch vor, dass du das Gebet überspringst?« Nein, das tue ich tatsächlich nie. Ich bete, aber ich bete nicht jeden Tag in derselben Sprache.

14

Der Gott der Natur ist euer heimlicher Wegweiser

Sollte ich mich jemals wieder auf die Suche
nach meinem Herzenswunsch machen,
dann schaue ich nur noch im Garten hinter
dem Haus nach. Denn wenn ich ihn dort nicht finde,
habe ich ihn überhaupt niemals verloren.

Dorothy im Film Der Zauberer von Oz

Der Prozess, als Mensch zu reifen, ist fest verknüpft mit dem kleinen Wort »und«. Immer dieses anstrengende »und«! Wenn man versucht ist, eine Sache gegen die andere auszuspielen, gibt es oft die Möglichkeit, das eine stattdessen zusammen mit dem anderen zu stärken. Dass man sich also dafür entscheidet, dass man sich nicht gegen etwas entscheidet. »Und« statt »oder« sagen. Zur menschlichen und geistlichen Reife gehört die Kunst, zur selben Zeit mehr als eine Wahrheit für lebendig und aktuell wichtig zu halten. Mit der Einsicht leben können, dass alles zusammengehört, auch wenn nicht alles zusammenpasst.

Wer etwas über geistliche Reife und Gebet sagen möchte, greift schnell zu Bildern und Vergleichen. Das haben Menschen schon immer getan. Die üblichen Bilder sind »Weg«, »Reise« und nicht selten »Garten«. »Der Garten der Seele« oder »der innere Garten« sind beliebte Bilder. In der englischsprachigen Welt unterscheidet man zwischen *frontyard* und *backyard*; das hat mit der Architektur englischer Häuser zu tun. Der Vorgarten ist das kleine Gärtchen, in dem man sich selten aufhält, der öffentliche Außenbereich des Hauses. Er ist vollständig einsehbar für jeden, der hier vorbeispaziert.

Mit dem *backyard*, dem Hinterhof, ist das anders. Dieser Garten gilt als privat, er ist geradezu ein heimlicher Ort. Hier hält man sich auf, hier ist die Seele des Gartens zu finden. In diesem Teil des Gartens darf auch das herrschen, was die Engländer gern *a pleasant decay* nennen, eine behagliche Verlotterung. Es ist nicht schlimm, wenn hier nicht alles picobello ist, in diesen Teil des Gartens kommen keine fremden Menschen. Hier hat nur der etwas zu suchen, der hier wohnt. Hier ist man ungestört.

Wenn man ein bisschen verallgemeinert, lässt sich sagen, dass es in der Welt des Gebets zwei große Schulen gibt. In der Theologie werden sie apophatisch und kataphatisch genannt. Die apophatische Theologie, manchmal auch negative Theologie genannt, kann Gott nicht anders beschreiben als durch die Aufzählung all dessen, was er nicht ist, während die kataphatische beschreibt, was er ist: Gott ist Licht. Gott ist Liebe. Gott ist immer größer. Und so weiter. Diese beiden Richtungen bzw. Haltungen finden ihre Entsprechungen in der Welt des Gebets. Der Weg des Verneinens bedeutet dann, sich von der Welt abzuwenden, die einen umgibt, weg von allem Lärm und allen Ablenkungen. Auf dem »Nein-Weg« schließen wir die Augen, falten die Hände, senken den Kopf und beten.

Der »Ja-Weg« betont das Gegenteil. Er stützt sich auf den Gedanken, dass Gott Mensch geworden ist und dass wir ihm deshalb überall begegnen können. Die gesamte Schöpfung, alles, was menschlich ist, jeder Sonnenaufgang, das Rotkehlchen und das zitternde Espenlaub offenbaren Gottes Schönheit und Güte. Wo auch immer wir Schönheit begegnen – es ist ein Strahl der Sonne von Gottes Herrlichkeit. Im »Ja-Gebet« öffnen wir unsere Augen, wir lassen Licht und Farbe hinein. Dieses Gebet beschreibt nicht nur den aktuellen Zustand dessen, was ist, es betet sozusagen kommende oder erwünschte Dinge herbei.

Von diesen Erfahrungen spricht auch Eugene Peterson in seinem Buch *Answering God*: »Die Gebete im Buch der Psalmen trainieren uns darin, die Menschwerdung Gottes bekräftigt sie, und die Sakramente erhalten sie aufrecht.« In den Psalmen finde wir viele geradezu drastische Bilder dafür: Das Meer flieht, die Berge springen wie Widder, und alle Bäume klatschen in die Hände, um nur ein paar Beispiele zu nennen.

Anders gesagt: Die eine »Gebetsschule« sagt: »Schließ die Augen!«, die andere sagt: »Schau hin!« Welcher Weg bringt uns weiter? Ich antworte: beide. Beide Wege sind erprobt und beide »Schulen« haben gute Argumente. Die Kunst besteht darin, sie zusammenzubringen, sodass die beiden einander stärken.

Die eine Gebetsschule sagt: »Schließ die Augen!«, die andere sagt: »Schau hin!«

Menschen, die auf den »Nein-Weg« vertrauen oder sich dort am ehesten zu Hause fühlen, zitieren gern ein Jesus-Wort aus seiner langen Rede, die als Bergpredigt bekannt geworden ist. Hier spricht Jesus nämlich ausführlicher als an anderen Stellen über das Verhältnis zwischen dem Sichtbaren und dem Unsichtbaren, dem Verborgenem und dem Öffentlichen. Das Motto lautet offenbar: Baue dein Leben von innen nach außen! Dann wirst du erleben, dass das, was hinter einer verschlossenen Tür zu einem geheimen Raum begonnen hat, sich ganz schnell hinaus in die Welt der Vögel und Blumen bewegt. »Wenn du betest, geh an einen Ort, wo du allein bist, schließ die Tür hinter dir und bete in der Stille zu deinem Vater. Dann wird dich dein Vater, der alle Geheimnisse kennt, belohnen« (Matthäus 6,6).

Ich glaube, dass die größte Bedrohung geistlicher Vertiefung und geistlicher Reife Ablenkung heißt. Jede Zeit hat ihre Versuchungen, und man braucht kein großer Prophet zu sein, um zu erkennen, dass wir im Laufe eines einzigen Jahrzehnts Zugang zu einer solchen Fülle von Informationen bekommen haben, wie sie sich Menschen, die eine Generation vor uns lebten, überhaupt nicht vorstellen konnten. Internet, Smartphone und die sozialen Medien haben uns ein spannendes Universum mit beinahe unbegrenzter Reichweite geöffnet, und ich stimme nicht in den Chor derer ein, die deswegen jammern und nörgeln. Bei vernünftiger Anwendung ist das alles ein großer Fortschritt.

Das Problem ist die Ablenkung, die auf diese Weise geschaffen wird. Man muss sich nur morgens im Bus umschauen: Wartezeit – also Zeit, in der man die Natur vor dem Fenster anschauen oder sich einfach seine eigenen Gedanken machen könnte – ist so gut wie ausnahmslos Handy-Zeit. Dasselbe gilt für das Wartezimmer beim Arzt oder wo man sonst Zeit überbrücken muss. Die kleinen Zwischenzeiten, die einen Moment der inneren und äußeren Stille möglich machen könnten, werden mit den Nachrichten anderer Leute vollgestopft. Unser Hirn ist weniger mit unseren eigenen Gedanken als mit denen anderer beschäftigt.

Das Heimtückische an den sozialen Medien ist ja, dass sie auf uns ganz persönlich zugeschnitten sind. Dadurch sind sie etwas anderes als die Nachrichten, die wir in der Zeitung lesen können. Vorhergehende Suchanfragen, Freunde und die Freunde von Freunden werden durch die Algorithmen zu etwas, das für das einzelne Individuum maßgeschneidert ist. Diese Scheinintimität macht aus dem Netz einen Raum, in den man gern flieht, wenn man sich eine Weile abschirmen will. Deshalb ist es nicht in erster Linie der Inhalt, mit dem wir uns schaden, sondern die Tatsache, dass wir uns ständig ablenken lassen.

An dieser Stelle ist die Ermahnung, die Jesus ausspricht, deutlich: Wenn etwas, was auch immer es sein mag, die Stille deines inneren Raumes stört, das, was Jesus in der Lutherübersetzung die »Kammer« nennt, dann mach die Tür zu! Ohne Wenn und Aber. Schaffe dir einen Raum, in dem du keinen Ablenkungen ausgesetzt bist, sondern die Chance hast, nach innen zu lauschen, in die Stille hinein, wo du deinen eigenen Gedanken begegnen und Gottes Stimme hören kannst. Auch auf die Gefahr hin, dass ich wie ein Unkenrufer klinge: Ich befürchte, dass genau dieser Raum, die verborgene Kammer, der *backyard* der Seele, in unserer Zeit ganz neu geschaffen werden muss.

Zur Zeit Jesu wohnten die meisten Leute in einem Ein-Raum-Haus. Vielleicht war seine Ermahnung deshalb einfach nur wörtlich gemeint: Such dir einen abgeschiedenen Ort. Genauso gut ist es aber auch denkbar, dass er einen inneren, imaginierten Raum meinte, der zum Ort für das Gespräch mit Gott werden soll.

Vor einigen Jahren war Lisa Ekdahl beim sogenannten Sommerplausch im *Schwedischen Radio* eingeladen. Diese Künstlerin formuliert lebenswichtige Sätze auf eine so beiläufige Art, dass man kaum merkt, dass es hier um tiefe Lebensweisheiten geht. Sie kommen so leicht daher wie ein Schmetterling. Als sie davon erzählte, wie sie ihre ersten Songs geschrieben hat, nämlich heimlich, machte sie die Anmerkung: »Dinge heimlich zu tun, ist für mich ganz natürlich, es gehört einfach zu meiner Persönlichkeit.«

Da es an diesem Tag regnete, stand ich im Keller und war gerade dabei, Holzbretter anzustreichen, als ich ihr im Radio lauschte. Um den Satz nicht zu vergessen, schrieb ich ihn mit dem Tischlerbleistift auf ein Brett. Ich spürte, dass es dabei um etwas sehr Wichtiges ging. Lisa Ekdahl fand die richtigen Worte für etwas, das ich selbst nicht so hätte ausdrücken können: für die Bedeutung des unsichtbaren inneren Lebens, für die Kraft des Verborgenen.

Etwas heimlich zu tun, hat in der Alltagssprache eher eine negative Bedeutung. Wir sprechen von Heimlichkeiten, wenn wir eigentlich hätten informiert werden müssen oder wenn über einen Menschen hinter dessen Rücken gesprochen wird. Lisa Ekdahl hat das Wort einfach umdefiniert und so die Tür zu einer Welt voller heller Geheimnisse geöffnet. Vielleicht ist das überhaupt eine der großen Herausforderungen: ein unsichtbares, unzerstörbares inneres Reich der hellen Geheimnisse bauen, einen Platz schaffen, an dem man sich verstecken kann, nachdenken, Dinge keimen lassen. Es hat was, nicht alles offenzulegen.

Es hat was, nicht alles offenzulegen.

Der Gedanke ist so etwas wie ein roter Faden oder ein wiederkehrendes Muster in jeder Art von Weisheitsliteratur: Das Gute wächst im Verborgenen wie in einem Gewächshaus. Zu den alten »Tipps« gehört es auch, sofort zum Hören bereit zu sein, aber langsam zum Reden. In der Bibel lesen wir außerdem, dass die rechte Hand nicht wissen soll, was die linke tut, wenn es um Schenken und Spenden geht. Man gewinnt etwas für sich selbst, wenn man damit nicht prahlt. Manches gedeiht besser, wenn es im Verborgenen geschieht. Wenn das jemals ein wichtiger Rat war, dann in unserer Gesellschaft, in der absolut alles gepostet wird, vom Hamburger auf dem Teller bis zu den Kilometern auf dem Schrittzähler. Mit Bild und Text. Alles liegt offen, wird kommentiert – und schrumpft merkwürdigerweise gleichzeitig.

Das heißt nicht, dass wir am besten Eremiten werden. Ich bin überzeugt, dass man einen Freund oder einige wenige Freunde und Freundinnen braucht, denen man so gut wie alles sagen kann. Kleines wie Großes. Aber dieser Kreis sollte nicht zu groß sein. Und tief drin brauchen wir alle einen Raum, der nur unser Raum ist. Und Gottes. Unseren eigenen *backyard*.

Sind Menschen, die Geheimnisse haben, nicht spannender als andere? Menschen, denen nicht alles auf der Stirn geschrieben steht? Sozusagen Geheimräte? Meine Mutter, die vermutlich der positivste Mensch der Welt war, pflegte über einen Menschen, der nicht gerade mit seinem Äußeren glänzen konnte, zu sagen: »Der hat die schöne Seite innen.« An diesen Ausspruch musste ich denken, als ich Lisa Ekdahl zuhörte. Man spürt, ob man einem Menschen begegnet, der in sich Geheimnisse und innere Räume birgt, oder ob schlicht gilt: »What you see is what you get.«

Deshalb darf man ruhig die Ohren verschließen, wenn jemand zu viel über sein eigenes geistliches Leben und seine großen Erkenntnisse redet. Aber man ist klug, wenn man den Wortkargen und Zurückhaltenden zuhört, die ihren

Instagram-Account im Herzen haben. Vielleicht sogar nur dort.

Mir den inneren Raum als einen *backyard* vorzustellen, einen für die Umgebung verborgenen Treffpunkt mit Gott, habe ich als inspirierend erlebt. Ein Ort, an dem das Schöne Zeit und Ruhe hat, um zu wachsen. Teile seines Lebens zu verbergen hat nichts damit zu tun, das zu verbergen, was lieber nicht ans Tageslicht kommen sollte. Es geht vielmehr darum, die »hellen Geheimnisse« zu hüten, die die Öffentlichkeit nichts angehen.

Man darf ruhig die Ohren verschließen, wenn jemand zu viel über sein eigenes geistliches Leben und seine großen Erkenntnisse redet.

Wenn man die Worte Jesu liest, dann fällt einem auf, wie oft er auf die unsichtbare Seite unseres Lebens aufmerksam machte. Er öffnete den Menschen immer wieder den Blick dafür, dass das Wichtigste im Leben weder ein Haus oder eine Karriere noch ein großes Netzwerk an Kontakten ist. Das Wichtigste ist das verborgene Leben. Ein Leben im Leben, unsichtbar für die Welt, aber sichtbar für Gott. Etwas, dem wechselnde Konjunktur und Denkmoden nichts anhaben können. Das Unsichtbare ist nicht ein leerer Raum, den wir mit etwas füllen müssten. Es ist eine reale und ewige Welt. Das Unsichtbare ist Wirklichkeit, und es ist sichtbar für Gott.

Das Leben spielt sich nun aber nicht hinter verschlossenen Türen ab. Die Bergpredigt führt uns aus dem verborgenen Raum hinaus in die lebendige, wachsende und sich verändernde Schöpfung. Wir werden gebeten, nicht auf die Blumen zu treten, an denen wir vorbeikommen, sondern stehen zu bleiben und von ihnen zu lernen. Wir sollen die Vögel am Himmel anschauen und mit ihrer Hilfe etwas von Gottes Fürsorge begreifen – und von unserem ewigen Wert.

Hier sind wir bei der zweiten »Gebetsschule«, der, die sagt: »Schau hin!« Oder, wie es genauer heißen müsste, wenn man das »Seht die Lilien« der Bergpredigt korrekt übersetzt: »Schaut ganz genau hin!« Mir kommt es darauf an, festzuhalten, dass die beiden Richtungen – die apophatische und die kataphatische – einander befruchten können, sogar über das hinaus, was wir uns vorstellen können. Wer sich entscheidet, die Stille im Wald oder am Meer zu suchen, bereichert die Stunden »hinter verschlossenen Türen« enorm. Und andersherum: Zeit in der Stille, in der Kontemplation vor Gottes Angesicht, übt uns darin, die uns umgebende Natur mit anderen Augen und Ohren wahrzunehmen.

Das Buch der Psalmen ist zweifelsohne voller Texte, die ihre Inspiration einer Wanderung, dem Wetterumschwung, dem Sonnenaufgang und einem hell scheinenden Mond verdanken. Und gerade dort, wo der Mensch auf die Geheimnisse der Natur trifft, auf das Großartige, alle Sinne ansprechende, das unfassbar Schöne – dort entsteht das Bedürfnis, den Ausdruck seiner Begeisterung auf ein Gegenüber zu richten.

Als Menschen, die in einer Weltgegend leben, die vier deutlich unterschiedene Jahreszeiten kennt, haben wir das Glück, immer wieder daran erinnert zu werden, wie großartig Gott ist. Wir gehören zu den Privilegierten, die Eis und Schnee, aber auch die langen Sommernächte und Sonnenstürme kennen. Und als wäre das nicht genug, umgibt uns eine Natur, in der wir Birkhühner finden, Hasen, Eisvögel, dazu den Fichtenrüsselkäfer und den Kleinen Weinschwärmer. Immer ist es derselbe Gott, der sich uns offenbart, ob in der Natur oder im verborgenen Raum hinter verschlossenen Türen.

Es war genau diese organische Verknüpfung zwischen der Liebe zur Natur und der Liebe zu Gott, die mich so berührte, als ich vor vielen Jahren das Buch des Naturforschers Gilbert White las, *The Natural History and Antiquities of Selborne*. Die erste Auflage erschien 1789 in England; die schwedische Ausgabe, die ich besitze, enthält Illustrationen von Gunnar Brusewitz, die das Lesevergnügen deutlich erhöhen. Wie ich weiter vorne schon erzählt habe, studierte White in Oxford Theologie, aber es scheint, dass er die Zeit, in der er hätte studieren sollen, eher mit langen Spaziergängen verbrachte, die (selten eingesetzte) Büchse über der Schulter. White hatte keine Zeit für Bücher. Was er wollte, war »zum ersten Mal richtig ernsthaft und mit wahrer Begeisterung das Werk des Schöpfers untersuchen«, schreibt Knut Hagberg im Vorwort zum Buch.

Hauptinhalt des Buchs sind Notizen im Stil von: »Liste der Zugvögel unserer Region«, »Sanddornfrüchte beginnen sich ab dem 4. Juni zu zeigen, von da an 14 Tage«, »Es ist nicht unwahrscheinlich, dass die Eidechsen auf Guernsey und unsere grünen Eidechsen von derselben Art sind« und

»PS. Ein Mauersegler wurde in Lyndon in der Grafschaft Rutland sehr spät gesehen: am 3. September 1780«.

Für mich ist Whites Buch ein einziges Ja, ein »Schau hin!«. Es ist ein Lehrbuch der kataphatischen Gebetsschule. »Wunderbar, kurios und verlockend«, findet White den Ziegenmelker, eine Nachtschwalbe. Er wundert sich über den Eifer und die Pünktlichkeit, mit der die Rauchschwalben und Hausschwalben dem ihnen vom großen Schöpfer eingegebenen Impuls folgen, sich auf den Weg nach Süden zu machen. »Alles Forschen ist vergebens und hält den neugierigen Stolz des Menschen zum Narren ... Der Gott der NATUR ist euer heimlicher Wegweiser«, schreibt er, das Wort »Natur« in Großbuchstaben, als wolle er den Ernst dieser Notiz unterstreichen. Ein vor langer Zeit geschriebener Satz, in dem es um Ökologie geht, um unser Verständnis dafür, dass wir alle ein Teil der Schöpfung sind, und der uns aufruft, die Natur, die uns noch umgibt, verantwortungsvoll zu bewahren.

Ich verlasse mein Arbeitszimmer und mache einen Spaziergang im Wald, der nah an unserem Haus liegt. Nur äußerst selten trifft man hier jemanden, meistens gehe ich ganz allein entlang der Reitwege. Die Einsamkeit hier ist eine andere als die in meinem Arbeitszimmer. Hier bewege ich mich in etwas, das lebt und wächst und Töne macht.

Als ich so weit im Wald bin, wie die Reitwege mich führen, bleibe ich stehen und setze mich dann auf einen Stein. Ich versuche mich in der Kunst zu üben, zu lauschen, ohne etwas Bestimmtes hören zu wollen. Nicht filtern oder meine Aufmerksamkeit lenken, sondern mein Hören für alles offenhalten. Erst einmal höre ich praktisch nichts, dann eine Kiefer, in der es knackt, wenig später eine Taube. Langsam entwickelt sich ein Klangbild. Nach einer weiteren Weile erweitert sich mein Klanghorizont, und ich kann Laute lokalisieren, die von weiter her kommen. Jetzt sind es keine vereinzelten Laute mehr, alle zusammen bilden sie ein Lautcluster – einzigartig für genau diesen Wald.

Manchmal geschieht es, während ich hier spazieren gehe, dass ich mich in meinen Gedanken oder Gefühlen plötzlich im Wald meiner Kindheit befinde, dem sogenannten *Lilleskogen*, dem »Wäldchen« – das doch so groß war, dass ich mich manchmal darin verlief. Wir fuhren oft mit dem Fahrrad hin, aber ich kann mich überhaupt nicht mehr erinnern, was wir dort eigentlich wollten. Wir spielten, versteckten uns, »zu tun« gab es nichts. Und das reichte uns. Diese Haltung versuche ich als Erwachsener zurückzugewinnen. Und ich tue das in einer Zeit, in der ständig mit Worten wie Intention, Ambition und Vision hantiert wird. Jedes dieser Wörter steht für etwas Gutes, aber sie können auch etwas von einer Peitsche haben.

Manchmal liest man von Menschen, die im tiefen Wald verschwunden sind. Wie oft das Gegenteil geschieht, wird seltener festgehalten. Da könnte man von Menschen schreiben, die in den Wald gegangen und heimgefunden haben – zu sich selbst, zu der Kraft, eine auseinanderfallende Beziehung zusammenzuhalten, zu dem Leben, dem sie nachgejagt haben, ohne es je zu ergreifen. Im Wald zu sitzen, an einem

Weiher oder am Meer, einfach zu lauschen um des Lauschens willen, das könnte die geistliche Detox-Kur sein, die viele von uns gerade jetzt brauchen. Es wäre ein Weg, um zu der Nähe und Intimität eines Gesprächs mit dem Gott der Schöpfung und des Lebens wiederzufinden. Als würde die Natur einen Lobgesang anstimmen, in den man nur einzustimmen braucht, ohne irgendetwas selbst dazuerfinden zu müssen. Wie sagte Gilbert White? »Der Gott der Natur ist euer heimlicher Wegweiser.«

Zwischen der Kammer und dem Wald verläuft ein unsichtbarer Weg. Wenn man den findet, hat man die Voraussetzung für ein erfülltes Leben gefunden. Die Natur ist das Gegenstück zur Kammer. Die beiden sprechen miteinander. Sie tun das in einer Sprache, die wir nicht hören können, die wir aber weitertragen können.

15

Beten, ohne um etwas zu bitten

Diesen Moment habe ich von Gott bekommen,
um in ihm zu leben. Ich habe ihn nicht bekommen,
um etwas aus ihm zu machen,
sondern damit er in Ewigkeit meiner ist.

Thomas Merton

Ich traf ein junges Paar, das mir von seiner Arbeit in einem Hilfsprojekt in Südamerika erzählte. Die beiden lebten einige Monate lang in einem Dorf, das fast vollständig vom modernen Leben abgeschnitten war, und führten ein sehr einfaches Leben, in dem fast alles fehlte, was in Schweden als selbstverständlich gilt. Schon bald entdeckten sie, dass das sehr gut möglich ist und dass es viele Dinge gibt, die man nicht braucht.

Nach und nach lernten sie die Dorfbewohner kennen, und eines Tages kam einer der Männer spontan zu ihnen zu Besuch. Er grüßte so, wie es in dieser Gegend üblich ist, setzte sich dann auf den Boden, genau vor ihrer Haustür, zog seine Knie an die Brust und blieb so sitzen. Als sie ihn fragten, ob er etwas essen wolle, schüttelte er den Kopf. Sie machten einen zweiten Versuch: Vielleicht eine Tasse Kaffee? Freundlich, aber unmissverständlich schüttelte er wieder den Kopf. Nach einer Weile ging er nach Hause, ohne gesagt zu haben, weshalb er gekommen war.

Das Paar fand sein Verhalten etwas seltsam und versuchte herauszubekommen, was der Mann wohl gewollt hatte. Sie vermuteten, dass das Fehlen einer gemeinsamen Sprache dazu geführt hatte, dass er sein Anliegen nicht nennen konnte. Am nächsten Tag kam der Mann wieder, und es geschah genau dasselbe. Diesmal blieb er ein wenig länger, aber wie zuvor antwortete er auf alle Vorschläge und Einladungen mit Kopfschütteln. Dann ging er wieder und ließ ein noch ratloseres Paar zurück. So ging das mehrere Tage hintereinander. Schlussendlich ging es ihnen auf: Dieser Mann wollte nichts von ihnen. Er wollte einfach nur ein bisschen vor der Tür ihrer Hütte sitzen.

Ich hörte mir diese Geschichte an und entdeckte darin eine Geschichte, in der es um Liebe geht. Mitten in unserer Gesellschaft der Terminsachen, Renditeerwartungen und Kosten-Nutzen-Kalkulationen steht diese Begegnung da als etwas, das unschätzbar ist, vielleicht lebensrettend. Der Gedanke, dass alles zu etwas führen und sich lohnen muss, ist für die Liebe verheerend. Eine Begegnung in Liebe ist im Grunde absichtslos. Wenn das nicht so ist, steht zu befürchten, dass wenig Liebe im Spiel ist. Es ist richtig seltsam, wenn man Menschen trifft, die nichts Bestimmtes von einem wollen. Es geht um die Begegnung, nicht um das, was eventuell dabei herausspringen könnte.

In meiner Welt gehört die Beziehung zu Gott auch zu den Liebesbeziehungen und bildet deshalb keine Ausnahme von der Regel. Jede beständige Liebe hat zum Fundament, dass man mehr als alles andere einfach nur zusammen sein möchte; das ist in der Beziehung zu Gott nicht anders. Natürlich unterscheidet sie sich auch in vielem, aber dieses Fundament ist gleich. Der Platz auf dem Boden in Gottes Hütte voller Liebe ist, in diesem Bild gesprochen, der beste Platz meines Lebens. Ich brauche kein besonderes Anliegen, um mich dort für eine Weile niederzulassen. Es gibt dort nichts zu tun und nichts zu berichten. Und ich höre auf, etwas Bestimmtes zu wollen. Gerade dann, wenn unsere Ambitionen mal kurz pausieren, öffnet sich ja ein Raum, in dem es sich gut sein lässt. Es geschieht eine Begegnung, die unserem Leben in dieser Welt Rhythmus und Gewicht gibt. Noch größer wird das Bild, wenn wir die Perspektive wechseln und uns vorstellen, dass in unserer schönen, leider oft so fiebrigen Welt Gott in unserer Hütte zu Gast ist. Vielleicht will Gott ja gar nicht immer etwas von uns. Vielleicht

Es ist richtig seltsam, wenn man Menschen trifft, die nichts Bestimmtes von einem wollen.

will er nur ein Weilchen dasitzen und uns mit seiner Nähe wärmen.

Ich kann es nicht gut ertragen, dass ständig das Wort »Agenda« verwendet wird. Es leitet sich vom lateinischen Wort *agere* ab und bedeutet: »was getan werden muss«. Manchmal ist auch von einer geheimen oder verborgenen Agenda die Rede; das, was getan werden muss, verbirgt sich also zum Schein hinter etwas anderem. Manche Meetings müssen eine klare Agenda haben, das heißt, die Teilnehmenden müssen Verantwortung dafür übernehmen, dass keine Zeit vertan wird und nicht einige Anliegen auf Kosten anderer breit ausgewalzt werden. Manchmal muss man dafür sorgen, dass bei einem Meeting überhaupt etwas Vernünftiges herauskommt. Aber wenn das Leben nur aus dieser Art von Begegnungen – Meetings mit Agenda eben – besteht, verhungern wir seelisch.

Vielleicht kann man vereinfacht sagen, dass eine Agenda guttut, wenn es um Sitzungen geht, wenn es aber um Begegnungen geht, ist ein buchstäblich unbeschriebenes Blatt das Beste. Erstaunlicherweise erwächst ja das Beste in unserem Leben oft aus absichtslosen Begegnungen. Anders gesagt: Während man einander begegnet, weiß man nicht, was man will. Aber hinterher weiß man, was man wollte.

Diesen Gedanken kann man gut mit in die Stille und ins Gebet nehmen, um sich in der »Kammer« an ihn zu erinnern, wenn man mal wieder allzu fokussiert auf das starrt, was »am Ende herauskommen« soll: »Was sagt Gott mir jetzt?« – »Was will Gott? Was soll ich tun?« Und was, wenn Gott gar nichts von uns will? Wenn er nichts will als uns? Einer der wichtigsten Gründe, weshalb ich selbst nicht ohne regelmäßiges Gebet auskomme, ist mein Bedürfnis, jemanden zu treffen, ohne dass es eine Agenda gibt.

In einem Alltag, in dem ich mich manchmal wie in einem Bienenschwarm von Menschen fühle, die alle irgendwas von mir wollen, egal, ob Telefonverkäufer, Werbespots, Kollegen, die ein Meeting vereinbaren wollen, Menschen, die möchten, dass ich meine Meinung zu irgendetwas kundtue oder auf ihre verrückten Fragen antworte – mitten darin ist es ein Geschenk, mit jemandem in Kontakt zu treten, der keine Agenda hat. Der einfach nur sagt: »Ich wollte nur mal deine Stimme hören.«

Mutter Teresa wurde einmal gefragt, was sie zu Gott sage, wenn sie bete.

»Nichts. Ich höre nur zu.«

»Und Gott? Was sagt Gott zu dir?«

»Er sagt auch nichts. Auch er hört nur zu.«

In dieser Antwort liegt keine Resignation. Es geht hier vielmehr um eine Beziehung, in der es viel zu erzählen gäbe, die aber eine solche Tiefe der Freundschaft erreicht hat, dass es beiden Seiten vollkommen genügt, einfach in der Nähe des anderen zu sein. Wir dürfen nicht übersehen, dass hier eine Frau spricht, die lange mit Gott gelebt und harte Kämpfe mit ihm ausgefochten hat. Ich bin mir sicher, dass Mutter Teresa auf die Frage nach ihren Gebeten ganz verschiedene Antworten hätte geben können. Sie hätte von ihrer Fürbitte für alle Leidenden sprechen können, von ihrer »Gebetsarbeit«, von der Verantwortung, die man in ihrem Orden für andere Menschen übernimmt, aber in diesem Fall hat sie so geantwortet. Vielleicht, weil sie wusste, dass viele von uns an diesem Punkt in die Irre gehen und in Blockade und Krampf enden.

Margareta Melin hat ein schönes Buch geschrieben, mit dem Titel *Vara i bön utan att be om något* (»Im Gebet sein, ohne um etwas zu bitten«). Es beginnt mit einem Abschnitt, den ich als sehr freundliche Korrektur von etwas auffassen könnte, das ich einmal gesagt habe. (Ich habe mich nicht kritisiert gefühlt, und sie hatte mich freundlicherweise vorher gefragt, ob sie darüber in ihrem Buch schreiben dürfe.) Margareta zitiert, was ich einmal vor vielen Jahren in einem Radiointerview gesagt habe, dass nämlich meine Gebete während einer sehr schweren Zeit in unserer Familie zu einem einzigen Satz zusammengepresst wurden, einem Satz, der alles war, was ich viele Monate lang seufzen konnte: »Jesus Christus, Schmerzensmann.« Und dann ergänzte ich im Interview: »Obwohl das ja eigentlich kein richtiges Gebet ist.«

»Warum sollte das kein Gebet sein?«, fragt Margareta Melin in ihrem Buch. Und sie hat recht. Sie schreibt, dass ich mit der Wiederholung der Worte »Jesus Christus, Schmerzensmann« im Herzen des Gebets gewesen sei, in dessen innerstem Raum, jenseits all dessen, was man denken und wünschen kann. Diese Worte drücken die Einheit mit Jesus aus. Es geht um das Beten ohne das, was wir oft Gebetsanliegen nennen.

Ich glaube, Margareta spricht hier etwas ganz Zentrales an, und sie begibt sich damit in die Gesellschaft vieler anderer, die Gutes und gleichzeitig Befreiendes über das geistliche Leben geschrieben haben. Sie kann das zum Beispiel in Anlehnung auf Wilfried Stinissen tun, der sich wiederum gerne auf Johannes vom Kreuz berief, der sich seinerseits auf »den Geliebten« berief, wie er Christus oft nannte. Hier verläuft ein glänzender Pfad durch die Geschichte des Gebets. Das Gebet muss nicht zu irgendetwas führen, es ist schon in sich selbst etwas.

Ich habe Wilfried Stinissen ein einziges Mal getroffen, und das nur für einige wenige Stunden. Aber während dieses Treffens habe ich einen sehr wichtigen geistlichen Rat von ihm bekommen, der mir in meinem Leben viel bedeutet. Sehr viel. Eigentlich war es aber gar kein Rat, sondern ein Kommentar.

Zusammen mit einem Schriftstellerkollegen war ich ins Kloster Norraby in Tågarp gereist, nach Skåne, in die südlichste Provinz Schwedens. Schon die Art, wie Stinissen uns willkommen hieß, beeindruckte uns. Er stand draußen und hielt nach uns Ausschau, während wir durch den milchig weißen Januarnebel stapften. Als wir bei ihm waren, fiel er uns um den Hals, als habe er wochenlang auf uns gewartet. Auch wenn das natürlich nicht so war – es fühlte sich so an. Und dann verbrachten wir einen Tag in der Gesellschaft eines Mannes, der vieles »abgewählt« hatte, um ein Leben im Gebet zu führen.

Unser Gespräch kann ich im Nachhinein gar nicht wiedergeben, aber gegen Ende des Tages fragte ich ihn beunruhigt nach meinem eigenen geistlichen Leben, von dem ich glaubte, es bekäme wegen meines Familienlebens, des Berufs, der vielen Verpflichtungen und der extrem knapp bemessenen Zeit zur Stille einfach zu wenig Raum zur Entwicklung. Ich bat ihn um Rat. Was sollte ich tun?

Stinissen sah mich lange an. Dann schaute er eine Weile woanders hin, und schließlich sagte er: »Ich glaube, Gott sieht dich an und sagt: ›So wie es ist, ist es gut.‹«

Dann schaute er auf den Boden und sagte wieder eine Weile nichts. Nach dieser Stille, die mir wie eine Ewigkeit vorkam, ergänzte er: »Aber du sollst wissen, dass du immer willkommen bist, wenn du Gott näherkommen möchtest.«

Das Kennzeichen guter geistlicher Wegbegleitung ist, dass sie kein zusätzliches Defizit spüren lässt, sondern Mut macht.

Seit jenem Tag sind mehr als 25 Jahre vergangen, aber diese beiden Sätze leben heute stärker in mir als jemals zuvor. Das Kennzeichen guter geistlicher Wegbegleitung ist, dass sie nicht noch ein zusätzliches Defizit spüren lässt, sondern Mut macht. Und genau das geschah an diesem Tag. Und geschieht weiterhin. Ich bekam den Mut, mit der Selbstunterschätzung Schluss zu machen, und den Mut, in der Begegnung mit Gott zu ruhen.

Innerer Stress und der Zwang, sich ständig weiterentwickeln zu müssen, sind die Feinde des geistlichen Lebens. Der Glaube ist eine Form von Liebe, und Liebe lässt sich nicht erzwingen. Dagegen bewegt man sich, ohne dass man darum gebeten worden sein müsste, gern auf den zu, von dem man sich geliebt fühlt.

»Wenn man nicht mehr unzufrieden ist, hört man auf, Fortschritte zu machen«, schrieb der schwedische Poet Alf Henriksson seinerzeit. Das ist die eine Wahrheit, aber es gibt auch andere, zum Beispiel die, dass eine enorme Kraft zum Wachstum freigesetzt wird, wenn man aufhört, sich ständig verbessern und verändern zu wollen, und stattdessen einen Moment ruht und sich sagt: So wie es ist, ist es gut. Ich verdanke es außerdem einem Buch von Wilfried Stinissen, *Natten är mitt ljus* (»Die Nacht ist mein Licht«), dass ich vor nun fast 30 Jahren die Lebensgeschichte und die Texte von Johannes vom Kreuz entdeckt habe.

Wir gingen damals, besser gesagt: wir tasteten uns damals durch eine schwere Zeit unseres Lebens, und während ich im Zimmer meiner Söhne auf einer Matratze am Boden lag und von einem Mönch aus dem 16. Jahrhundert las, Johannes vom Kreuz, kam es mir vor, als würde ich einen Freund treffen, von dem ich gar nicht gewusst hatte, dass es ihn gibt, nach dem ich aber mein Leben lang auf der Suche gewesen war. Ich verschlang seine Gedanken: Wir sollen Gott nicht hinterherjagen, wie ein Jäger das Wild jagt. – Eine unglaubliche Einfachheit stellt sich ein, wenn die Seele nicht mehr ihren Wünschen hinterherspringt. – Alles, was es braucht, ist die Augen zu öffnen und zu sehen, dass *er* da ist und schon immer da war.

Johannes vom Kreuz geht mit dem Wort »Gebet« sehr sparsam um, vielleicht, weil man zu leicht meinen könnte, es ginge dabei um etwas, das man zu einem bestimmten Zeitpunkt und auf eine gewisse Weise tut. Er selbst war jedoch ein großer Beter. Im Gebet klärten sich für ihn die Dinge, im Gebet fand er die richtige Perspektive und Stärke. Er meinte, es sei richtig, für alles und für alle zu beten, für sich selbst, für seine Freunde, für Frieden in der Welt und im eigenen Gemüt, aber wichtiger noch war ihm die Einsicht, dass jedes einzelne Anliegen das Symptom eines tieferen Verlangens ist: des Verlangens nach Gott. Johannes schreibt in seinem Buch *Aufstieg auf den Berg Karmel*, dass dieses Verlangen zum Menschen gehört, dass wir so geschaffen sind, dass wir Gottes bedürfen und für ihn eine unendliche Kapazität haben.

Wir sehnen uns so sehr nach Gott, dass es schmerzt, und diese Schmerzen, so glaubt er, sind der Preis, den wir für unseren Wert als Menschen bezahlen. Johannes verwendet wiederholt den Ausdruck »bei Gott sein«. In seinem Buch *Geistlicher Gesang* beschreibt er Gottes uns innewohnende Nähe: »Auf, du schöne Seele! Da du weißt, dass dein ersehnter Geliebter verborgen in deinem Inneren lebt, so strebe danach, dich wohl mit ihm zusammen verborgen zu halten, und in deinem Inneren sollst du ihn umfangen.«

Der letzte Satz ist einfach und klar. Wenn Gott sich uns wirklich gegeben hat, dann kann unsere Aufgabe keine andere sein, als dass wir zur Stelle sind, um ihn zu empfangen.

Diese Sprache der Liebe und Zärtlichkeit durchzieht einen großen Teil der geistlichen Literatur, die uns damit hilft, unsere angespannten Schultern zu lockern. Rufen und bitten, Gott anflehen, unsere Klage in einen dunklen und schweigenden Himmel schleudern, wegen der Wunden der Welt und unserer eigenen Wunden zu bitten, das alles gehört zu den gewaltigen Möglichkeiten und Rechten, die wir als Betende haben. Aber das Fundament all dessen ist es, »zu Hause zu sein«, »zu Tische zu liegen«, »Umgang zu pflegen«, »dazubleiben« – lauter Ausdrücke, die nach einer passiven Haltung klingen. Wenn es jedoch an der grundlegenden Ruhe fehlt, wird das Beten schnell ermüdend. Jesus fordert uns nicht auf, ihn um seine Liebe zu bitten, sondern in seiner Liebe zu bleiben.

Ich wüsste niemanden, der das schöner beschrieben hat als die britische Schriftstellerin und Theologin Sara Maitland in *Ein Buch der Stille*. Sie lebt ein lautes und kommunikationsfreudiges Leben in einem Pfarrhaus, das sie beschreibt als den »am wenigsten stillen Ort, den man sich vorstellen kann – ein Haus, das man nie für sich allein hat und das nie leer oder still ist«. Aber genau in diesem Haus erlebt sie zum ersten Mal eine positive, im wahrsten Sinne des Wortes nährende Stille – in einer Nacht, beim Stillen ihrer Tochter. Maitland schreibt: »Zurückgelehnt auf die Kissen, in der weichen Dunkelheit der frühen Dämmerung, während meine Tochter dalag und hörbar zufrieden atmete, begegnete ich einer neuen Art von Freude. Aus meiner heutigen Perspektive betrachtet, wundert mich das nicht, denn die Beziehung von Mutter und Kind ist in der westlichen Kultur eins der

Jesus fordert uns nicht auf, ihn um seine Liebe zu bitten, sondern in seiner Liebe zu bleiben.

ältesten und unveränderlichsten Bilder für Stille.« Und so verbindet sie diese stillen, schönen Nächte mit Psalm 131, einem Text, der etwa tausend Jahre vor Christus geschrieben wurde:

> Ja, ich ließ meine Seele still und ruhig werden;
> wie ein kleines Kind bei seiner Mutter,
> wie ein kleines Kind, so ist meine Seele in mir.
>
> *Psalm 131,2*

Maitland verweist auf den Psychoanalytiker Donald Winnicott, der glaubt, dass die Fähigkeit, als Erwachsener allein zu sein und das Alleinsein zu genießen, von dem Erlebnis des Kindes herrührt, in der Nähe der Mutter allein zu sein. Da ist dieser Zustand, in dem die Grundbedürfnisse des Kindes – Nahrung, Wärme, Kontakt und so weiter – befriedigt sind. Das Kind muss sich nicht zur Mutter wenden, um etwas zu bekommen, und die Mutter muss sich keine Sorgen machen, dass sie dem Kind noch etwas geben müsste. Beide sind einfach da; mehr braucht es nicht.

Maitland hat mehrere Tausend Jahre menschlicher Erfahrung und geistlicher Weisheit im Rücken, wenn sie schreibt, dass diese Momente geprägt sind von »vollkommener Gegenseitigkeit«.

16

Heimathäfen, Ausgangspunkte, Abschussrampen

Richte dir Wegzeichen auf, setze dir Steinmale
und richte deinen Sinn auf die Straße,
auf der du gezogen bist!

Jeremia 31,21

Es ist eins der großen Geschenke der Stille, dass sie uns darauf aufmerksam macht, wo wir uns befinden. Im Laufe der vergangenen Jahre ist mir die Bedeutung mancher Orte immer deutlicher geworden. Die Namen von Orten, Wegen oder bestimmten Plätzen kommen mir jetzt wie Stecknadeln auf meiner inneren Landkarte vor, wie Ortsschilder auf meiner Lebensreise.

Sooft ich kann, fahre ich nach Hause, in meinem Fall ist es das nordschwedische Kramfors. Ich wohne dort schon mehr als vierzig Jahre nicht mehr, dennoch ist es mein Zuhause. Inzwischen komme ich nur noch ein paarmal im Jahr dorthin, doch diese Reisen werden umso wichtiger. In Kramfors geschieht etwas, das an anderen Orten nicht geschieht, und das hat mit der Geografie zu tun. Zu den Dingen, die unbedingt sein müssen, wenn ich nach Hause komme, gehört es, dass ich an meinem Elternhaus im Skarpåkersvägen vorbeigehe, dann den Pfad hinauf ins Wäldchen, dass ich eine Weile auf dem Marktplatz sitze (den es früher noch nicht gab) und danach nach Ramsta fahre, um meine Tante und meinen Onkel zu besuchen, die Geschwister meiner Mutter. Danach esse ich im Träffen, dem Gasthaus des Ortes, dessen Kellner jedes Mal sagt: »Sehr gute Wahl!«, egal, was ich bestelle.

Kramfors liegt in Ådalen, und das ist der Name des Tals, durch den der Fluss Ångermanälven fließt. Hier sind meine Wurzeln. Ein Dichter des 19. Jahrhunderts, Pelle Molin, hat einmal gesagt, dass Gott gleichzeitig lächelte und sich ärgerte, als er Ådalen schuf, und ich finde, kürzer und besser kann man diese Landschaft nicht beschreiben.

Und noch etwas muss ich unbedingt tun, wenn ich nach Hause komme: Ich nehme das Auto und fahre nach Svanö, einer kleinen herzförmigen Insel, die mitten im Fluss, dem Ångermanälven, liegt und von seinem stillen Wasser umspült wird. Als Kinder fuhren wir mit dem Fahrrad dorthin, um am Fähranleger Flussbarsche zu angeln. Damals gab es noch keine Brücke zur Insel, und man musste die gelbe Fähre über den Sund nehmen. Ich meine, die Fahrt dauerte etwa zwei Minuten. Auf der Insel Svanö verbrachte der Arbeiterdichter Birger

Norman seine Kindheit und Jugend. Ohne ihn als Schriftsteller kennengelernt zu haben, würde ich wohl heute nicht schreiben. Er war es, der mir eine Ahnung davon gab, welche Kraft darin liegt, mich vorsichtig auszudrücken, der mir den Mut gab, darauf zu vertrauen, dass Wörter tragen, und er verhalf mir auch zu der Einsicht, dass eine hochgeschraubte Stimmlage nicht die richtige Antwort auf den zunehmenden Lärm ist. »Bald bleibt uns nur noch das Flüstern«, schrieb er schon in den Sechzigerjahren des letzten Jahrhunderts, und man darf wohl sagen, dass der Lärm seitdem noch deutlich zugenommen hat. Wenn man flüstert, wird die Botschaft weder undeutlicher noch unschärfer. Im Gegenteil: Die Stille rund um jedes Wort gibt ihm ein Gewicht und eine Bedeutung, die leicht verloren geht, wenn man dem Gesagten zu viel Nachdruck verleihen will. Stille ist präzise.

Ich weiß eigentlich nicht richtig, warum ich hierherkomme, was mich an diesen Ort zieht. »Das ist einfach so«, pflegte mein Vater zu sagen, wenn ihm kein Argument mehr einfiel. Ich glaube, es geht um Wurzeln und natürlich um eine Spur Nostalgie, aber auch um Atmosphäre. Um das, was übrig geblieben ist aus der Zeit, als das Sägewerk noch donnernd arbeitete, um den undefinierbaren Geruch, der aus dem Fluss aufstieg, die körperliche Erinnerung an die Sommer und das Angeln bei den Floßhölzern. All das steckt in diesem Ort. Und ich kann mich darauf verlassen: Hier erwacht meine Lust zu schreiben.

Die Stille rund um jedes Wort gibt ihm genug Gewicht. Stille ist präzise.

Manchmal reise ich auch in ein bestimmtes kleines Dorf in Italien, vielleicht das unspektakulärste Dorf in diesem Land voller unspektakulärer kleiner Dörfer, und nehme dann das Fahrrad, um ins Nachbardorf zu radeln – vielleicht das einzige Dorf, das in Sachen »Wer ist noch unspektakulärer?« in Konkurrenz treten könnte –, und setze mich dort an einen bestimmten Tisch der *Bar Centrale*, um zu schreiben. Dieser Akt hat etwas geradezu Liturgisches, etwas sich Wiederholendes und Gewohntes, aber er weckt zugleich meine Kreativität. Als wüsste mein Körper: »Jetzt wird geschrieben!«

Der hintere Raum der *Bar Centrale* ist dunkel und kalt, ein einziges kleines Fenster zeigt zum Garten und lässt etwas Licht herein. Der Vogelgesang vor dem Fenster ist so energisch und hartnäckig, dass er den Eindruck der Stille hier innen noch verstärkt. Die *Bar Centrale* hat eine schäbige und triste Vorderseite, aber auf der Rückseite pflegt der Eigentümer einen Garten bis zur Perfektion. Und ganz offenbar ist dieser Garten der Lieblingsplatz sangesfreudiger kleiner Vögel. Vielleicht sind das hier ja dieselben Vögel, die uns im schwedischen Sommer hinter unserem Haus täglich Gesellschaft leisten?

Im Hinterzimmer der *Bar Centrale* sitzt außer mir so gut wie nie jemand. Draußen am Tresen herrschen ein hohes Tempo und ein hoher Lärmpegel. Ranke und schlanke Italiener und Italienerinnen kommen, um einen Kaffee zu trinken und im Vorbeigehen die großen, süßen, fetten Ballen zu essen. Beinahe schreiend sprechen sie am Tresen miteinander, bevor sie ihren Weg fortsetzen. Es muss diese Atmosphäre sein, die meine Schreiblust entfacht. Auf die *Bar Centrale* bin ich durch einen

Zufall gestoßen, jetzt ist sie ein Ort, an den ich immer wieder mal zurückkehre, und ein Platz, der auf meiner inneren Landkarte durch eine Stecknadel markiert ist.

Die Welt ist so groß, dass man leicht verloren geht. Beim Versuch, die ganze Welt zu umarmen, geschieht es leicht, dass man gar nichts zu fassen bekommt. Der Mensch hat schon immer einen bestimmten Platz gebraucht. Orte, an denen er siedeln kann, Orte, von denen aus er sich orientiert. Heimathäfen. Ausgangspunkte. Abschussrampen.

Beim Versuch, die ganze Welt zu umarmen, geschieht es leicht, dass man gar nichts zu fassen bekommt.

Der Klangforscher Gordon Hempton hat die interessante Beobachtung gemacht, dass jeder Ort etwas besitzt, was er die »Grundfrequenz« nennt, und zwar selbst dann, wenn es an diesem Ort ganz still ist. Er nennt es eine »Tonqualität, die die verschiedenen Arten von Stille voneinander unterscheidet«. Die Grundfrequenz ist nicht ein dominierendes Geräusch, zum Beispiel von einer Stromschnelle oder einem Bahnübergang, es ist vielmehr die Summe aller Geräusche und »Stillen«, die man hört und die man glaubt, nicht zu hören.

Eine Variation dieses Gedankens habe ich in einem sogenannten Sommerprogramm des schwedischen Rundfunks mit Lars Ulvenstam gefunden. Ausgangspunkt seiner Sendungen war oft die Kleingartenkolonie im Süden von Stockholm, wo er mit seiner Lebensgefährtin Lena lebte und wo das Leben stillzustehen schien. Da Ulvenstam in der Regel der letzte der »Sommerredner« war, bildeten die satten Farben und Düfte des Spätsommers den Rahmen seiner Beiträge, »wenn die Tage schrumpfen und die Nächte länger werden«. Die Zeit der Herbstastern, Dahlien und des Phlox. Das Wort »Heim« oder »Zuhause«, so glaubt er, beschreibt einen Ort, der nicht nur geografisch bestimmt ist, sondern auch ein Stück Landschaft meint, Zusammenhang und Zugehörigkeit. Er dachte an die, die vor ihm und Lena dieses Stück Erde bestellt hatten, wie »das Gegenwärtige vom Verflossenen durchsäuert ist« und wie er wahrnimmt, dass dieser Ort »über die sichtbare Wirklichkeit hinaus beseelt« ist.

Vielleicht ist es auch genau das, was man spürt, wenn man eine Kirche oder Kapelle betritt. Dass da etwas Altes und sich durch die Zeiten Ziehendes ist, das wir bis heute in der Atmosphäre spüren können. Etwas, dem die Zeit nichts anhaben kann. Etwas Lebendiges. Ich kann nicht anders, als an das kosmische Zwitschern der Vögel zu denken. Was, wenn dieses Zwitschern nicht nur auf eine Bewegung im Luftraum zurückginge, sondern auf »heilige Gebete«, die als Vibrationen fortbestehen? Das Gebet ist etwas im Ewigkeitsmaßstab, und an den Orten, an denen Menschen über Generationen gebetet haben, ist so etwas wie eine geistliche Verdichtung geschehen, die manchmal deutlich zu spüren ist. Man wird still, wenn man eintritt, man empfindet Ehrfurcht.

Ein Versuch, dieses schwer in Worte zu Fassende dennoch auszudrücken, ist der englische Ausdruck *thin places*, wörtlich übersetzt: »dünne Orte«. Er hat seine Wurzeln im keltischen Christentum des Mittelalters, angesiedelt in Schottland, Irland und im Norden Englands. Diese Frömmigkeit stellt Gottes Offenbarung, wie sie in der Schöpfung und in unserem Alltag zu finden ist, in den Mittelpunkt. Das »Dünne«, die Durchlässigkeit, entsteht dadurch, dass die liebevolle Aufmerksamkeit vieler Menschen sich an einem bestimmten Ort verbindet; die Atmosphäre verändert sich, und es wird leichter, Gottes Nähe zu erfahren. Jemand hat einmal gesagt, solche Orte seien wie eine Membran zwischen Gott und uns. Sie wird geschaffen beziehungsweise sie entsteht in der Begegnung von Menschen, im Gottesdienst oder an bestimmten geografischen Orten.

Die Gebete, die hier gesprochen wurden, sitzen noch in den Wänden. Es ist leicht, hier zu beten.

Das Bedürfnis, in eine Kirche zu gehen und dort einfach eine Weile zu sitzen, sollten wir deshalb nicht gering schätzen. Die Zeit, die wir dort verbringen, macht etwas mit uns und zeigt uns, dass es hier mehr gibt als schöne Architektur oder interessante religiöse Kunstschätze; hier ist »das Gegenwärtige durchdrungen vom Vergangenen«. An diesen »dünnen« Orten kann man etwas erspüren, was der Kopf nicht weiß. Und man darf sich von den Gebeten tragen lassen, die Menschen vieler Generationen vor uns hier gebetet haben.

Ich bin immer ein bisschen gerührt, wenn ich den Gebetsraum unserer Smyrnakyrkan in Göteborg betrete. Er grenzt an den großen Kirchenraum, und er wird täglich für das Gebet genutzt, außerdem eine Stunde vor jedem Gottesdienst. Material und Symbole betreffend fehlt dem Raum so ziemlich alles, was eine alte Krypta oder den architektonisch beeindruckenden Chorraum einer Kirche ausmacht, aber zum Beten ist er genau richtig. Die Gebete, die hier gesprochen wurden, sitzen sozusagen noch in den Wänden, und es ist auffallend leicht, hier zu beten. Mir kommt es immer so vor, als könnte ich mich hier in ein Gebet fallen lassen, das in diesem Raum fortwährend gebetet wird, auch wenn er leer ist. Ein Ort ist ja nicht nur ein Ort, sondern auch eine Atmosphäre.

Als ich jung war, sprach und sang man viel von den Gebetsplätzen der einzelnen Gläubigen. »Gebetswinkel« war ein Wort, dass in Predigten und Liedern häufig auftauchte. Es hatte schon damals etwas Nostalgisches; manchmal bekam es einen geradezu romantischen Schimmer, wenn beschrieben wurde, wie wunderschön dieser Platz war. Dabei war der Gebetswinkel nicht nur so etwas wie der Vorhof des Himmels, er war auch der Ort für Kampf und Streit und harte Arbeit, was den romantischen Schimmer etwas matter glänzen ließ. Jede Zeit sucht sich ihre Sprache, und diese Sprache berührte offenbar die Herzen meiner Elterngeneration. Sie sprach von »umbeteten« Räumen, Räumen, in denen Menschen beteten und eine Art atmosphärische Spur hinterließen. Ich empfinde dafür Respekt, und ich glaube auch daran. An »dünne Orte«.

Mein wichtigster Platz ist eine Ecke in meinem Arbeitszimmer. Hier ist mein Gebetsplatz. Wenn ich mich in den Sessel fallen lasse, den Fußhocker heranziehe und die Decke von meinem verstorbenen Sohn Ludwig um die Beine wickele, dann ist es, als würde alles zusammen sagen: »Hier beten wir.« Auch wenn man weiß, dass man an jedem beliebigen Ort beten kann, spricht das nicht gegen die Vorstellung, dass es »verdichtete« Plätze gibt. Auch hier ist es eine gute Übung, »und« statt »oder« zu denken. Das eine kann das andere stützen. Ich brauche nicht weit zu suchen, ich finde bei mir selbst das starke Bedürfnis, auf der inneren Landkarte Stecknadeln festzumachen und meinen Platz zu finden. Die kleinen Rituale, zu denen ich in den vorhergehenden Kapiteln die Tür schon einen Spalt breit geöffnet habe, haben mir geholfen und mich gestärkt, aber der Raum selbst, in dem ich bete, hat auch seine Rolle.

Ich bin innerhalb unseres Hauses ein paarmal umgezogen und habe verschiedene Plätze ausprobiert, bevor ich schließlich in der Ecke meines Arbeitszimmers den Anker geworfen habe. Dabei ist mir wichtig zu sagen, dass so ein Ort geschaffen werden kann. Das kann einige Zeit brauchen, aber es ist möglich. Es braucht ein bisschen Erfindungsreichtum, ein bisschen Möglichkeitsdenken und eine Portion Ausdauer: Such dir einen Platz in deinem Haus oder deiner Wohnung oder wähle einen Platz an eurem Küchentisch, den du dann zu »deinem Platz« für die tägliche Andacht weihst.

Falls es zu schwierig sein sollte, im eigenen Hause Stille zu finden, dann entscheide dich einfach für eine bestimmte Strecke in deiner Umgebung, die du jeden Tag gehst, und gib nicht der Versuchung nach, neue Wege zu suchen. Auch wenn Abwechslung Freude macht: Geh jeden Tag denselben Weg.

So etwas Einfaches kann eine geistliche Übung sein, und es begünstigt das Gebet. Es ist natürlich nicht Gott, der so eine Abmachung braucht oder erwartet. Wir sind es, die modernen Menschen, die sich so leicht stören und ablenken lassen, die eine gewisse Ordnung brauchen, um beten zu können.

Im geistlichen Leben ist es kein Verdienst, ein Globetrotter zu sein. Menschen des Gebets hatten immer eine Vorliebe für das Ortsgebundene. Durch die Jahrtausende hatten Menschen das Bedürfnis, Plätze kenntlich zu machen, wo die Anwesenheit von »etwas Größerem« auf eine besondere Weise spürbar war. Altäre und Feldsteine erinnern daran. Schon in der Zeit des Alten Testaments wurden solche Steine aufgestellt, und auch heute geschieht das noch. Sie stehen dort, um zu zeigen, dass Gott sich offenbart hat, brennend nah gekommen ist wie beim Dornbusch, und dass dies nie in Vergessenheit geraten darf. Altäre und Feldsteine wirken ernst, aber sie stehen auch für Entschlossenheit, Dankbarkeit und Demut.

Im geistlichen Leben ist es kein Verdienst, ein Globetrotter zu sein. Menschen des Gebets hatten immer eine Vorliebe für das Ortsgebundene.

»Richte dir Wegzeichen auf, setze dir Steinmale, und richte deinen Sinn auf die Straße, auf der du gezogen bist!« Wenn wir heilige Orte kennzeichnen, geht es nicht nur darum, uns an das zu erinnern, was geschehen ist; es ist auch eine Möglichkeit, uns angesichts einer ungewissen Zukunft zu orientieren: »Richte deinen Sinn!« Alle Steine und Altäre durch die verschiedenen Zeiten und Weltgegenden sind deshalb Stecknadeln auf unseren inneren Landkarten und Haltepunkte auf dem geistlichen Weg durch die Geschichte.

In Dalsland im nördlichen Schweden gibt es dazu ein Beispiel aus der jüngeren Geschichte. Viktor Myrén, ein Schriftsteller, der in Mystacken in Nössemark aufgewachsen ist, hat in einer Trilogie die geistliche Erweckung beschrieben, die zur Zeit der vorletzten Jahrhundertwende im Grenzgebiet zwischen Norwegen und Schweden stattfand. Eins der drei Bücher heißt *Mästaren vid gränsen* (»Der Meister an der Grenze«). Hier erzählt er von seinem Vater Elijas und von seiner Mutter Marja Andreasdotter und ihrem Gebetsaltar: »Wenn die Zeiten schwieriger wurden und die Sorgen bedrängender, dann nahm Marja einen Stein aus dem heimischen Garten und ging ein Stück den Berg hoch zum Wald, um ihre ›Last‹ dort vor Gott niederzulegen. Sie wollte allein sein, um beten und mit ihrem himmlischen Vater sprechen zu können. Dieser Platz war ihr Geheimnis. Stein um Stein trug sie hierhin, bis der Steinberg in die Höhe wuchs. So entstand mit den Jahren ein Altar.«

Irgendwann wurde dieser Platz und Marjas Altar entdeckt, und anlässlich des hundertjährigen Jubiläums des Missionsvereins von Nössemark wurde der Altar 1981 restauriert. Der Pfad hier hinauf wurde ausgeschildert, und der Ort wurde für viele Menschen zu einem Ort des Gebets und des Nachdenkens. Auch ich selbst stand schon dort, kämpfte gegen die Mücken und spürte, dass ich auf heiligem Boden stand.

17

Broken Horses

Vater unser im Himmel, geheiligt werde dein Name.

Matthäus 6,9

Ich bete das Vaterunser, das in lutherischer Tradition auch das Herrengebet genannt wird, mit einer ziemlich langen Pause zwischen den Sätzen und stelle mir vor, jede Zeile sei wie ein Schwimmzug: Ich strecke mich aus und verharre dann kurz in dieser Position, ehe ich den nächsten Zug mache. So habe ich das nicht immer gemacht. Die Person, der ich es verdanke, die Kraft des täglichen Betens des Vaterunsers wiederentdeckt zu haben, wohnt in Buford, nahe Atlanta in den USA.

Ein kräftiges Hochdruckgebiet hing über Atlanta und brachte Wärme, als ich einige Tage dort war, um den Missionar und Autor Mark Rutland zu treffen. Es war dieselbe einsame Reise durch die USA im Frühjahr 2018, bei der ich auch die für mich so wichtigen Autoren Eugene Peterson und Philip Yancey traf, wovon ich in diesem Buch schon berichtet habe. Mark Rutland war der dritte. Eine lange Reise für kurze Begegnungen, könnte man meinen, aber die Bedeutung dieser Begegnungen kann man nicht anhand ihrer zeitlichen Länge bemessen. Die Erfassung der Zeit ist dafür ein untaugliches Instrument. Auch eine kurze Begegnung kann wichtig sein und den Horizont öffnen. Wenn man Glück hat, kann man durch diese Öffnung kurz einmal entwischen und einen Moment außerhalb der Zeit erleben. Oft geschieht das, ohne dass man es überhaupt merkt. Meine Begegnung mit Mark Rutland war so ein Moment. Wir sprachen über Pferde, über Boxsport und über Gebet. In genau dieser Reihenfolge.

Ich hatte Mark Rutland bei einer Veranstaltung in Stockholm 2010 schon einmal erlebt. Damals hielt er einen Vortrag, bei dem es um Leitung ging, aber nach einer Weile verließ er das Thema und sprach stattdessen von Gebrochenheit und von der geistlichen und menschlichen Reife, die nicht von Erfolg zu Erfolg schreitet, sondern den Weg über Wunden und Niederlagen nimmt. Was er auf diesem Podium in Stockholm sagte, war so spürbar selbst durchlebt und selbst durchlitten, dass ich mich nicht dagegen abschotten konnte. Ich weinte wie ein Kind, so wie ich dasaß.

Während des Vortrags erzählte Rutland, dass man in seinem Heimatstaat Texas den Ausdruck *broken horses* verwendet, um zu sagen, dass der Wille eines Pferdes, bevor man auf diesem Pferd sicher reiten und es zum Treiben der Rinder verwenden kann, »gebrochen« werden muss. Dass sich also der Wille des Pferdes dem des Reiters unterordnen muss.

Es ist nicht dasselbe wie die Unterwerfung des Pferdes, vielmehr geht es darum, dass Pferd und Reiter auf einer Wellenlänge kommunizieren und einander vertrauen. Das Pferd ist ein Kraftpaket und so viel stärker als der Reiter, deshalb muss seine Kraft gezügelt werden. Das Zusammenspiel zwischen Reiter und Pferd, das am Ende oft zu so etwas wie einem telepathischen Kontakt zwischen den beiden führt, baut auf diesem Brechen auf, auch wenn das widersprüchlich erscheint. Man könnte sagen, das Pferd bricht zusammen, zerbricht. Als Mark Rutland davon sprach und dieses Bild verwendete, stand uns ein zweites Bild vor Augen: Geistliche Freiheit kann teuer erkauft, aber auch unerhört schön sein: ein Mensch im Zusammenspiel mit Gott um eines höheren Ziels willen.

Geistliche Freiheit kann teuer erkauft, aber auch unerhört schön sein.

Mark Rutland wartete im Eingangsbereich des Restaurants Longhorn in Buford auf mich, in dem es nach seinen Angaben *delicious steaks* gab. Ich hatte vor unserem Treffen einen Teil dessen gelesen, was Rutland geschrieben hatte, und mir war klar: Falls wir in eine theologische Diskussion geraten sollten, wären wir bei einigen Fragen völlig unterschiedlicher Ansicht. Aber im Restaurant trafen wir uns ja eigentlich nicht, um Theologisches zu debattieren.

Als wir unseren Tisch gefunden hatten, erzählte ich Mark von meinem Erlebnis während seines Vortrags acht Jahre zuvor. Ich berichtete ihm, dass ich damals meine Fähigkeit zu weinen fast ganz verloren hatte und dass ich an diesem Nachmittag die Gabe der Tränen wieder geschenkt bekam. Das wollte ich ihm unbedingt sagen, aber ich wollte mit ihm auch über das Vaterunser sprechen und seine eigene, ganz spezielle Geschichte mit diesem Gebet der Gebete.

Wir machen ein bisschen Smalltalk, kommen dann aber schnell auf den nur schwer zu übersetzenden Ausdruck *broken horses*. Wenn man *broken* mit »gebrochen« wiedergibt, schwingt im Schwedischen [und im Deutschen] etwas anderes mit als im Englischen. Normalerweise ist etwas gebrochen, wenn es nicht mehr zu gebrauchen ist, so wie Kinder zum Beispiel ein Spielzeug kaputt machen. »Ein Pferd zu brechen« bedeutet dagegen, dass man das Tier in eine neue Beziehung zu seinem Reiter führt. Das schadet dem Pferd keineswegs, im Gegenteil: Das Tier kann danach Dinge tun, die ihm vorher nicht möglich waren, und das erhöht seinen Wert.

»Ein *broken horse* ist ein wertvolles Pferd«, sagt Rutland. »Wenn man an ein Wildpferd denkt, geht man davon aus, dass es ein freies Leben ohne Grenzen führt, aber in Wirklichkeit ist ein Wildpferd ein Tier, das ständig bedroht ist und völlig ungeschützt lebt. Es gibt niemandem, dem es gehört und der Verantwortung für das Pferd übernimmt.«

Von einem Moment zum anderen fällt mir auf, dass ich mit einem wildfremden Mann in einem amerikanischen Kaff sitze, das ich vor Kurzem noch gar nicht kannte, und mich mit ihm über etwas unterhalte, das ich nicht verstehe und das mich auch noch nie interessiert hat. Und dass ich das wunderbar finde!

Rutland beschreibt, wie das »Brechen« vonstattengeht, wie man ein Wildpferd fängt und wie man Pferd und Reiter ihre Kräfte messen lässt. Wenn das Pferd gewinnt und den Reiter abwirft, kann es zu seinem wilden Leben zurückkehren. Wenn der Reiter gewinnt, gibt es so etwas wie eine feierliche Aufnahme; es ist der Beginn eines neuen Lebens für das Tier. »Eine neue Bestimmung«, wie Rutland es nennt. Zeuge sein zu dürfen vom Zusammenspiel zwischen einem Reiter und einem Pferd, das durch die Feuertaufe gegangen ist, das beschreibt Rutland als etwas Wunderschönes. Die beiden scheinen geradezu telepathisch zu kommunizieren. Mark gestikuliert mit den Händen über unserem Tisch, um mir zu zeigen, wie der Reiter nach einiger Zeit die Zügel loslassen und das Tier mit ganz kleinen Bewegungen seiner Knie und seines Gesäßes steuern kann. »Die beiden sind eins mit ihrer Aufgabe, und mit der Zeit wachsen sie zusammen«, sagt er.

Das Pferd braucht schon bald gar keine Anweisungen mehr; es »liest den Körper des Reiters«, als wäre es ein Teil seines eigenen. Das anfängliche Kräftemessen zwischen Reiter und Pferd wurde in den USA zu einer Volksbelustigung und entwickelte sich zu dem, was man heute Rodeo nennt.

»Bist du selbst ein *broken horse?*«, frage ich Mark.

Er denkt lange nach, ehe er sagt, dass die Gebrochenheit in der Seele eines Menschen eher einem Prozess als einem einzigen Ereignis gleicht. Er erzählt von langen Zeiträumen des Zerbruchs, die alles andere als angenehm waren. So berichtet er auch von einer schweren Depression, die ihn damals fast alles gekostet hat.

In seinem Buch *21 Seconds to Change Your World* schreibt er: »Die schreckliche Nacht, in die ich eingetreten war, würde entweder mein Untergang sein oder der Beginn von etwas, das reicher und freier war als alles, das ich bisher erlebt hatte. Die Wände des tiefen Brunnens, in den ich gefallen war, waren feucht und glitschig. Es gab nichts, woran ich mich hätte festhalten können. Ich wusste aber, in welche Richtung es nach oben ging, und ich konnte über mir sogar ein Licht erblicken. Dort oben war ich früher gewesen. Aber jetzt war ich in diese dunkle und widerliche Höhle gerutscht, die Depression heißt.«

Die Gebrochenheit der Seele eines Menschen gleicht eher einem Prozess als einem einzigen Ereignis.

Er beschreibt, wie der tückische Erfolg, die Erschöpfung und zuletzt die Depression seine Seele aushöhlten. Das Licht schien weit entfernt, die Dunkelheit im Brunnenschacht ängstigte ihn. Alles, was er tun konnte, war, sich auf den kleinen Vorsprung im Brunnen zu stellen, den er erspürt hatte, als er sich festzuhalten versuchte, und sich mit einem »halben Leben« zufriedenzugeben, was nicht wirklich eine Alternative war. »Ich war mir sicher: Das ist das Ende.«

Die Lautsprecher beschallen uns mit sentimentalen Countryklängen, und je länger wir uns unterhalten, desto besser verstehe ich, warum ich geweint habe, als ich Rutland in Stockholm sprechen hörte. Er erzählt von seinen wiederkehrenden Depressionen, mit denen er schon seit seinen frühen Teenagerjahren zu kämpfen hat, dass es aber dieses Mal um etwas ganz anderes ging. Er nennt es »die Zunichtemachung«. Er war auf dem Höhepunkt seiner Karriere und in vieler Hinsicht erfolgreich, als alles zerbrach.

»Die Rückseite des Erfolgs ist die Angst, ihn zu verlieren«, sagt er. Und: »Mehr, als man meinen sollte, ist die Angst eine starke Triebfeder, um auf der Karriereleiter aufzusteigen. Aber je höher du steigst, desto größer wird die Angst abzustürzen. Das ist das Gift des Erfolgs.« Am Ende konnte er einfach nicht mehr weiterkämpfen. Und da geschah es. Er hörte zwei Stimmen. Die eine sagte: »Du hast keine Chance.« Aber sie wurde sofort von einer anderen Stimme unterbrochen: »Doch! Du hast eine Chance. Du hast ein Gebet.«

Vor dem Dahinplätschern der Countrymusik erzählt Mark Rutland, wie er während seiner schweren Depression einen geistlichen Ort suchte, der ziemlich genau das Gegenteil der freien, improvisierten Kirchlichkeit war, aus der er selbst kam. Er »versteckte sich« für eine Zeit in einer streng liturgisch geprägten, mehr oder minder anonymen Gemeinde, in der niemand wusste, wer er war. Was dort geschah, entsprach ungefähr dem, was er sich mit seiner geringen Kraft zumuten konnte. Aber genau dort fand er, was die Wende einleitete: Das Vaterunser gehörte hier zur Gottesdienstliturgie. Er stimmte in das Gebet ein, »mechanisch«, wie er mir erzählt. Doch einmal, als er es gerade wieder betete, war es, als würde dieses Gebet all seine Kraft zeigen. »Es geschah in einem einzigen Augenblick«, erzählt Rutland.

Nach diesem Tag wurde ihm die Kraft geschenkt, in einer langsamen, kreisförmigen Bewegung aus dem Brunnen heraufzusteigen. In seinem Buch beschreibt er die Begegnung mit dem Vaterunser so: »Es wurde zu meinem Leben. Ich atmete es. Ich tauchte mein armes Herz in dieses Gebet ein. Ich betete es mehrmals am Tag, manchmal viele, viele Male. Ich klammerte mich an dieses Gebet, hielt es mit eisernem Griff, wie ein Ertrinkender sich am Rettungsboot auf stürmischer See festhält.«

Wir bestellen einen Nachtisch und Rutland erzählt mir, dass seitdem fast dreißig Jahre vergangen sind, ohne dass sich daran etwas geändert hat. Das Vaterunser ist und bleibt ein Teil seiner täglichen persönlichen Liturgie; die Gewohnheit des regelmäßigen Betens dieser Worte habe ihn stabilisiert und seine innere Wunde geheilt. Er sagt mir, dass er so gerne eine kontemplativ veranlagte Person wäre, aber die sei er nun mal nicht und könne er auch nicht werden, aber genau deshalb brauche er eine feste Ordnung. Das Vaterunser wurde zu seiner Rettung im Brunnen und ist jetzt die Nabe im Rad eines stabilen Lebens.

Es war eine beeindruckende Begegnung. Und eine tränenreiche. Dabei lag es nicht nur an der schmalzigen Countrymusik, dass unser Treffen zu so einer gefühlvollen Angelegenheit wurde, eher daran, dass hier zwei *broken horses* aufeinandertrafen und in einem Steakhouse bei Atlanta ihre Erfahrungen austauschten. Ich bin froh, dass ich die Möglichkeit hatte, Mark Rutland für die Gabe der Tränen Danke zu sagen. Und was er mir erzählte, hat dazu geführt, dass das Vaterunser zu einem Bestandteil meines Morgenrituals geworden ist, den ich nicht mehr missen möchte.

Als ich mich in den Leihwagen setze und nach Atlanta City zurückfahre, gibt es vieles, was in meinem Kopf kreist.

Das Erste: Was Mark dort unten im Brunnen hörte, tröstet mich: »Du hast ein Gebet.« Ich denke an alle, die sagen, dass ihnen die Worte fehlen, um zu beten, an alle, die noch nie Worte hatten oder die sie verloren haben. Ich denke an alle, die aufgehört haben zu beten. Das Gebet des Herrn schließt sie alle ein. Wenn man es spricht, braucht man keine weiteren Worte. Und immer, wenn man in dieses Gebet einstimmt, kann man sicher sein, dass irgendein anderer Mensch irgendwo auf der Welt jetzt auch dieses Gebet spricht. In diesem Augenblick wird eine kaputte Welt zusammengefügt.

18

Dabeibleiben

Samstagmorgen, noch nicht sechs Uhr. Es sind die letzten Apriltage, und nach einigen Tagen mit sehr ausdauerndem Regen ist die Sonne endlich zurückgekommen. Samstage sind für mich etwas anders als andere Wochentage. Der Unterschied liegt im »Naturmorgen«. So heißt die Sendung im schwedischen Radiosender *P1*, die ich für mich zum eindeutig besten »Lebensanschauungsradioprogramm« gekürt habe. Ich stehe zu dieser Wahl, weil das Programm eines der wichtigsten Dinge des geistlichen Lebens erweckt: das Staunen.

»Von Genuss bis Forschung« heißt das Motto auf der Website des Senders. Mein eigenes Programm-Motto heißt: »Von Genuss über Forschung bis Staunen«. Wenn man »Naturmorgen« hört, kann man eine Menge lernen: denken, wie ein Luchs denkt; verstehen, was für ein regelrechter Krieg im Inneren unserer Äpfel vonstattengeht, wie es kommt, dass die Blätter ihre herbstliche Färbung annehmen, und dann die spannende Frage: Lohnt sich der Winterschlaf? Man kann auch erfahren, dass die erstaunlichen Mauersegler – diese Raser im schwarzen Trikot – sich mehrere Jahre in der Luft halten können, ehe sie zum ersten Mal den Boden berühren. Oder dass der Fitis aus der Familie der Laubsänger, der hier im Norden aus dem Ei schlüpft und nur acht Gramm wiegt, es wagt, die lange Reise über das Meer bis ins südliche Afrika anzutreten. Ganz allein. Es wird einem schwindlig bei dem Gedanken: ein kleiner Körper von acht Gramm im unendlichen Raum über einem wilden Weltmeer. Und er kommt an – genau an der richtigen Adresse!

Wenn man so etwas hört, kann man nicht anders, als still zu werden, zu staunen und nachzudenken. Es macht einen glücklich, denn es ist großartig, sich eine Weile lang in einer so sinnenreichen und magischen Welt zu bewegen. Gleichzeitig macht es einen demütig, und das tut gut, damit man sich bloß nicht aufspielt und glaubt, man selbst sei etwas Staunenswerteres als ein Spatz.

Ich habe dieses Kapitel mit der Beschreibung meiner Samstagsroutine begonnen, weil ein Teil der Freude, die so ein Samstagmorgen mir bereitet, ihren Grund darin hat, dass die anderen Tage anders aussehen. Ich glaube nämlich, dass Unterschiede wichtig sind. Ich habe irgendwo gelesen, es sei ein Zeichen für den beginnenden Niedergang eines Unternehmens, wenn man es mit den Regeln zu genau nimmt. »Wie ich den Ausdruck ›hundert Prozent‹ verabscheue«, schreibt Tomas Tranströmer in einem Gedicht.

Monotonie wird unterschätzt, aber natürlich kann es trist werden, wenn man sklavisch an ihr festhält. Auch von einer guten Gewohnheit muss eine Pause erlaubt sein, manchmal muss man eine Ausnahme zulassen und das Muster durchbrechen. Es führt dazu, dass man die ausgefahrenen Spuren wieder schätzt, wenn man sich auf den Weg zurückbegibt. Eine Ausnahme von der Regel kann eine gute Sache sein; man darf nur die Ausnahme nicht zur Regel werden lassen. Sonst wird man schnell ein innerlich zerrissener Mensch.

Normalerweise beginne ich meinen Tag mit einer langen Stille. Ich sitze oder liege im Dunkeln und übe mich darin, meine Gedanken nicht auf ein bestimmtes Ziel hin zu steuern, sondern nur zu lauschen. Dann nehme ich meinen Körper zur Hilfe und gehe auf dem Teppich vor dem Fenster auf meine Knie. Von hier schaut man auf den Balkon des Arbeitszimmers. In dieser Position bete ich das Vaterunser. Das dauert nur wenige Minuten. Danach mache ich mir eine Tasse Kaffee und setze mich in meinen grünen Ohrensessel.

Normalerweise beginne ich meinen Tag mit einer langen Stille.

Wenn ich so dasitze, bemerke ich manchmal, wie mein Körper eine Haltung annimmt, die mich meiner Mutter ähneln lässt. Sie saß morgens immer auf ihrem Sofa und hielt ihr »stilles Weilchen«. Ihr Körper sank ein bisschen zusammen, sodass er wie ein Fragezeichen aussah. Bei mir passiert das auch. Meine Mutter, die vor Kurzem von uns gegangen ist, ist in meinem Leben deutlicher anwesend, als ich mir das je vorgestellt hätte. Und darüber freue ich mich. Ich hatte so eine gute Mutter. Worin genau ihr »stilles Weilchen« bestand, weiß ich gar nicht, aber ich bin mir sicher, dass sie da ihre Ordnung hatte. Ich habe ihre zerfledderte Bibel geerbt, voller unterstrichener Verse, und ich weiß, dass das Bibellesen ein wichtiger Teil ihrer Andacht war. Für mich selbst habe ich im Lauf der Jahre eine Abfolge gefunden, die zu mir passt. Zu ihr gehören eigentlich nur Zutaten, die man dort auch erwartet: Stille, Lesung, Gebet. Entscheidend sind gar nicht die einzelnen Inhalte oder die genaue Reihenfolge, sondern nur, dass es überhaupt eine Ordnung gibt und dass man sich an sie hält.

Dinge auf immer dieselbe Art und Weise zu tun, über eine lange Zeit, das ist der Rat, der in Geschichten betender Menschen immer wiederkehrt. Alle sind sie sich in einer Sache einig: Um seiner Sehnsucht nach einem vieldimensionalen geistlichen Leben folgen zu können, darf man wechselnden Launen und Vorlieben nicht allzu viel Platz geben. Kurz gefasst genügen eigentlich zwei Imperative: Finde deinen Stil! Und halte an ihm fest. Anders gesagt: Schaffe dir eine gute Gewohnheit, dann folgt alles andere mehr oder minder von selbst.

In der Flut der Bücher zum Thema Gebet gibt es leider auch einige, die Minderwertigkeitskomplexe schaffen oder verstärken. Man tut gut daran, diese Bücher mit Unterscheidungsvermögen zu lesen, eher sparsam dosiert – oder auch gar nicht. Aber es gibt auch echte Perlen, manche von ihnen sind mehrere hundert Jahre alt, andere aus unserer Gegenwart. Da finden wir Bücher, für die *Wenn Stille eine Sprache wäre* ein Wunsch ist, der ganz oben auf der Liste steht, aber nur sehr schwer Wirklichkeit werden kann. Die Diskrepanz ist groß, und der Graben zwischen dem, was man liest, und dem, was man umsetzen kann, wächst immer noch, sodass die Welt des Gebets am Ende unnötig kompliziert erscheint, Schuldgefühle entstehen oder sich auch einfach Resignation breitmacht.

Aber, wie gesagt, es gibt auch echte Perlen. Über eine von ihnen bin ich im Netz gestolpert. Diese Perle ist der US-amerikanische Autor Robert Benson. Mein Interesse war geweckt und ich bestellte auf gut Glück eines seiner Bücher. Ich hatte erst wenige Seiten gelesen, als ich verstand, dass es hier nicht nur um einige sehr praktische Ratschläge zu Zeit, Dauer, Abfolge, Wahl der Worte oder der Form ging, sondern um Wege, die zu einem vertieften geistlichen Leben führen können, indem nämlich unsere Sehnsucht geweckt und verstärkt wird. In der Vorstellung des Autors durch den Verlag wird er als jemand beschrieben, der »schreibt, liest und seine Gebete spricht in seinem Zuhause in Hermitage/ Tennessee«.

Benson schildert zu Beginn seines Buchs *Living Prayer*, wie sein Vater ihm eines Tages ein kleines blaues Andachtsbuch gab und ihm vorschlug, täglich darin zu lesen. Jede Andacht bestand aus einem Bibeltext und einer kurzen Betrachtung des Textes. Keine große Anstrengung, und doch blieb das Buch mehrere Jahre ungenutzt liegen, bevor Benson es öffnete und sich vornahm, mit den täglichen Andachten zu beginnen. Was dann geschah, glich geradezu einer Revolution. Benson schreibt, dass er eigentlich nicht wusste, warum er dieses Buch aufgeschlagen hatte, dass er aber zur selben Zeit von dessen Herausgeber, Frederick Buechner, gelesen hatte, er habe mehrere Jahre lang den Raum für die Sonntagsschule in der Nähe der Vorschule seiner Tochter als »Schreibbude« genutzt. Nachdem er seine Tochter an der Vorschule abgesetzt hatte, traf er sich regelmäßig mit einem Pastor, um gemeinsam in der Kirche zu beten, und danach setzte er sich in den Sonntagsschulraum und schrieb einige Stunden lang an seinen Büchern.

Benson erzählt, wie er eines Morgens von seinem Haus aus über das Feld blickte, am anderen Ende des Felds die kleine Ortskirche sah – und sich vornahm, es versuchsweise Buechner nachzutun. Er ging dorthin, wurde freundlich empfangen und saß dann einige Monate lang jeden Morgen mit dem kleinen blauen Andachtsbuch in der Hand in der Kirche. Er las die kurzen Texte – alle von frühen Pilgern verfasst – und schrieb auf, was er dazu dachte. Nach einer Weile ging er zurück ins Dachgeschoss seines Hauses und arbeitete weiter an seinen eigenen Texten.

Benson schreibt: »Irgendwann im Laufe dieses Frühjahrs begann ein uralter Rhythmus in mir zu pochen, mich zu rufen, mich zu ziehen, mich zu ermahnen und mich hineinzureißen in den ewigen Tanz.« Ihm war, als hätte sein Herz keine Kontrolle über diesen Rhythmus, ähnlich, als wenn die eigenen Füße zum Takt der Countrymusik wippen, selbst dann, wenn man versucht, es nicht zu tun. »Es gibt keinen Zweifel, dass ich in etwas Größeres und immer noch Größeres tiefer und immer tiefer hineingezogen wurde. Ich schlug das Buch auf, und dabei muss sich tief in mir etwas geöffnet haben, von mir selbst zunächst unbemerkt. Es begann ganz harmlos; von meiner Seite stand wirklich kein großartiger Plan dahinter. Alles, was ich tat, war, eine kleine, klar strukturierte Andacht in mein Leben einzuführen. Das verwandelte mein Leben. Ganz, vollständig und unwiderruflich.«

Wenn der Enthusiasmus und die Freude des Anfangs verflogen sind, sagen wir oft, dass eine Sache »nur noch aus Routine weiterläuft«. Dabei hat Routine auch etwas Gutes. Im Wort »Routine« steckt ja das französische Wort *route*, und das heißt »Weg«. Natürlich kommt es vor, dass ein ganzes Leben umgekrempelt wird oder über Nacht die Richtung wechselt. Aber das gehört zu den Ausnahmen. In der Regel wird unser Leben durch das geprägt, was wir jeden Tag tun. Das Wiederkehrende ist auch das Rückgrat unseres geistlichen Lebens. Vielleicht kommt der Ausdruck »täglich« deshalb auch im Neuen Testament so oft vor?

Das Wiederkehrende ist auch das Rückgrat unseres geistlichen Lebens.

Gute geistliche Gewohnheiten haben eine unerwartete Kraft und Tragfähigkeit. Sie sind nicht an sich geistlich, aber sie führen uns zu Gott, und da höre ich unvermeidlich Martin Lönnebos Worte wie ein Echo im Hinterkopf: »Der Mensch ist nicht für Tohuwabohu gemacht.« Mir fällt ein, wie aufrichtig überrascht ich über das war, was sich änderte, als ich vom

»Beten, wenn es gerade passt« zum »Morgengebet, täglich, Monat für Monat« überging. Von außen betrachtet sah mein Leben nicht viel anders aus als zuvor. Es war eigentlich nur eine ganz kleine Veränderung, aber für mich war es ein großer Unterschied.

Als ich las, dass Robert Benson ein Mensch sein wollte, dessen erste Worte am Morgen ein Gebet sein sollten, stellte ich fest, dass ich genau das auch wollte. Auch ich wollte ein Mensch sein, dessen erste Worte am Morgen ein Gebet sind. Ich schuf deshalb meine eigene »Liturgie« mit Kaffee, Dunkelheit, Vaterunser, Stille und einem kurzen Bibelabschnitt zur Meditation. Ich umhüllte die Worte auf eine bewusstere Art als zuvor mit Stille und Zeit zur Reflexion. Ganz ans Ende der Reihe stellte ich alles, wovon ich wünschte, Gott möge es anrühren: Menschen um mich herum, Verhältnisse, die der Veränderung bedürfen, und so weiter. Dieser letzte Teil hat eine Tendenz dazu, sich aufzublähen, deshalb schreibe ich alles in ein Notizbuch, und an manchen Morgen schaffe ich es gerade mal, das Buch in die Luft zu halten. Zur Not lasse ich den letzten Teil zugunsten der anderen weg.

Ich habe im Laufe der Jahre viele Bücher gelesen, in denen erklärt wurde, wie man Ordnung in sein inneres Leben bringt. Gute Bücher. Aber Bücherlesen reicht nicht. Es passiert nichts, solange man nicht selbst etwas zu tun beginnt – und dann durchhält. So einfach ist das, und so anstrengend. Es gibt so viele »Schulen« in der Welt des Gebets, viele von ihnen sind gut, und es ist immer ermutigend und anregend, neue Dinge auszuprobieren – aber wechseln heißt, mit dem, was man angefangen hat, zu brechen.

Bei C. S. Lewis finden sich einige wunderbare Gedanken zum Thema Liturgie in seinem Buch *Du fragst mich, wie ich bete. Briefe an Malcolm*. Es ärgert ihn, wenn Pfarrer mit der Liturgie experimentieren, und er preist die Wiederholung und das Bekannte: »Gut sitzt ein Schuh, den man nicht spürt«[3], schreibt er, und: »Also lässt sich meine Einstellung zur Liturgie in der dringenden Bitte um Beständigkeit und Einheitlichkeit zusammenfassen. Ich kann mich mit fast jeder beliebigen Art von Gottesdienst abfinden, sofern er nur feststeht. Wird mir aber jede Form entzogen, wenn ich eben beginne, mich darin heimisch zu fühlen, dann kann ich in der Kunst der Anbetung niemals Fortschritte machen. Man gibt mir die Gelegenheit nicht, mir durch Praxis eine Gewohnheit anzueignen – einen *abito dell'arte*.«[4]

Nach Shawn Achor, einem Forscher auf dem Gebiet der Positiven Psychologie an der Harvard-Universität, werden jedes Mal, wenn man an einer Gewohnheit festhält, die entsprechenden Nervenbahnen verstärkt, und nach nur 21 Tagen erhöht sich die Chance enorm, diese Gewohnheit auch in Zukunft beizubehalten. Achor glaubt auch, dass es schon an sich eine Stärkung bedeutet, wenn man erlebt, dass man eine neue Gewohnheit aktiv schaffen kann. Eugene Peterson traut der Gewohnheit ein noch größeres Potenzial zu: »Unterirdische Energien strömen durch die Oberfläche der Gewohnheiten nach oben«, heißt es im Text für den 17. November in seinem kleinen Gebetbuch *Praying with the Psalms*.

Wir sollten nicht so viel Angst vor der Monotonie haben. Das Wort »Monotonie« kommt vom griechischen *monos*, das »eins« oder auch »allein« heißt, und *tonos* bedeutet »Ton«. Die Kombination der beiden kennen wir aus dem deutschen Wort »eintönig«, und es steht in der Alltagssprache für etwas, das trist und langweilig ist. Das finde ich traurig (also trist). Man kann bei »eintönig« ja auch an »einen Ton« denken; das führt weiter. Das Monotone als eine Weise, seinen eigenen Ton zu finden, seinen Grundton, um den herum man dann ein ganzes Leben lang improvisieren kann.

Und noch etwas wird im Laufe der Jahre deutlich: Über unsere Leben entscheiden nicht die besonderen Tage, sondern das Wiederkehrende, nicht die Geburtstage und Gedenktage, sondern all die anderen Tage. Die nennen wir die gewöhnlichen Tage. Es sind die Tage, aus denen unser Lebensweg wird. Wenn ich den beeinflussen will, kann ich hier einsetzen, vielleicht nicht mit einem Schlag beziehungsweise kräftigen Stoß, aber doch mit vielen kleinen Schubsern in die richtige Richtung. So schaffe ich die Voraussetzung dafür, dass jeder Tag einen Impuls bekommt, der das begünstigt, was ich später in meinem Leben finden möchte.

Puh der Bär sagt das auf seine Weise: »Denn ein Gedicht und ein Gesumm sind keine Sachen, die man so einfach packen kann, nein, man wird von ihnen gepackt. Und alles, was man dazu tun kann, ist, dorthin zu gehen, wo sie einen finden können.«[5]

19

Sturm und Flaute

Endlich war die Zeit des lang ersehnten Schreiburlaubs da: ein ganzer Monat! Das Timing hätte nicht besser sein können. In meinem normalen Alltag gelingt es mir ganz gut, kürzere Texte zu schreiben. Für größere Schreibprojekte brauche ich aber zusammenhängende Einheiten ununterbrochener Zeit und Stille. Der Mensch wird nur langsam still; bei mir jedenfalls ist das so. Es ist natürlich ein Privileg, sich ein solches stilles, ereignisloses Stück aus seiner Zeit »ausschneiden« zu können. Bevor ich irgendetwas anderes plane, markiere ich diese Wochen in meinen Kalender durch einen schrägen Strich. Wenn ich das nicht als Erstes mache, füllen sie sich mit anderen Dingen.

Martin Lönnebo hat ja in seinen Erzählungen behauptet, der Ort, an dem ein Mensch am schnellsten zur Ruhe komme, sei nahe einem Wasserloch in der Savanne. Ich habe das Gefühl, diesen Ort für mich gefunden zu haben. In einem entlegenen Örtchen auf einer der Kanarischen Inseln habe ich eine sehr einfache Einzimmerwohnung gemietet. Die Wohnung liegt am Rande eines etwas größeren Dorfs, und nur wenige Menschen verirren sich hierhin, mit Ausnahme einiger Wohnwagenbesitzer, die hier vermutlich gratis parken dürfen.

An Orten, an denen skandinavische Touristen Urlaub machen, sprechen mich oft Menschen an, die mir mitteilen wollen, dass sie mich erkannt haben, die mir für irgendetwas, das ich geschrieben habe, danken wollen oder die einen Kommentar loswerden müssen. Hier dagegen nimmt keiner von mir Notiz, was mein Gefühl verstärkt, am richtigen Ort zu sein. Die Wohnung liegt ganz oben auf einem Hügel und bietet eine unverstellte Sicht auf das Meer.

Ich war gerade erst ein paar Tage hier, als eine *Calima* losbrach, der gefürchtete Sandsturm aus Westafrika, der mehrmals im Jahr die Inselgruppe heimsucht. Am Vormittag noch Sonne und Wärme, am Nachmittag, wenige Stunden später, dann ein starker Sturm und ein dichter Vorhang aus Sand und Erde. Am Abend wurde der Flugplatz gesperrt, und in der Nacht fühlte es sich an, als würde das Haus vom Sturm auseinandergenommen. Ich bekomme eine SMS vom Vermieter, der fragt, ob ich klarkomme, und mir versichert, dies sei der schlimmste Sturm, den die Insel seit 40 Jahren erlebt habe. Ich antworte, es gehe mir gut.

Ich wache ein paar Stunden vor der Morgendämmerung auf und setze mich an die großen Glasschiebetüren. Da bleibe ich sitzen. Der große Vorteil, den eine zusammenhängende Zeit fürs Schreiben mit sich bringt, ist, dass man beim Schlafen und Wachen gedanklich sozusagen in derselben Spur bleibt. Alles, was einem in den Sinn kommt, wird auf das eine Ziel hingelenkt. Die Gedanken sind weniger zerzaust als im Alltag. Der nächtliche Schlaf wird zum Freund und hilft mir, Dinge zu sortieren und mit ihnen umzugehen. Wenn der Morgen naht, bringt er Klarheit mit. Normalerweise müsste ich jetzt anfangen, mich wegen irgendeiner Sache auf den Weg zu machen. Aber nicht hier und jetzt. Hier kann ich einfach sitzen bleiben, die Tage kommen und gehen lassen. Hier kann ich an einem Gedanken weiterspinnen, der mich gestern beschäftigt hat. Das ist meine jährliche Einkehrzeit. In anderen Sprachen nennt man sie »Retreat«, und das bedeutet »sich zurückziehen«, wobei viele Leute berichten, dass die Bewegung des sich Zurückziehens in Wirklichkeit ein Weg nach vorn war.

Die Geschichte von Elia beschäftigt mich noch immer. Sie kommt und geht und fließt weiter. Der Bach Krit, die Höhle, in der der Prophet sich versteckt und wo Gott schlussendlich im »leisen Hauch« spricht oder, wie es in einer englischen Bibelübersetzung heißt, »in the sound of sheer silence«. Ich habe das Gefühl, mir in den 23 Tagen einen eigenen Bach Krit zu schaffen. Das Einzige, was stört, ist eine riesige Straßenlaterne vor dem Haus.

Als ich am ersten Morgen in der Erwartung aufwache, dass es noch dunkel ist, finde ich stattdessen den Raum taghell erleuchtet. Ich klettere auf die Balkonbrüstung und strecke mich auf halsbrecherische Art, bis ich die Laterne erreiche und die Birne losschraube. Heimlich. Ich gehe davon aus, es wird ewig dauern, bis jemandem auffällt, dass die Lampe nicht mehr brennt, und noch länger, bis jemand den Fehler behebt.

Am nächsten Morgen ist alles anders. Ich freue mich über die Dunkelheit und meinen harmlosen Coup. Die Morgendämmerung setzt erst spät ein, und ich kann mehrere Stunden im Dunkeln verbringen, bevor die Sonne hinter den Bergspitzen durchbricht. Etwas später am Morgen kommt ein Wagen mit Hebebühne und lässt einen jungen Mann in die Höhe fahren, der die Birne in der Straßenlaterne austauscht. Ich schleiche mich über einen Weg hinter dem Haus fort, um nicht enttarnt zu werden, und gehe in das Café an der Straßenecke. Mein Kampf gegen das Laternenlicht war unnötig und vergeblich. Ich muss wohl kapitulieren und mich mit dem künstlichen Licht arrangieren. Schon bald gewöhne ich mich an ein neues Dämmerungsritual, anders als mein tägliches, übliches, aber es ist ein guter Wechsel, ausnahmsweise nicht monatein, monataus meine Tage in derselben Zimmerecke zu beginnen, auf dieselbe Weise und mit denselben vertrauten Dingen, die mich umgeben. Und natürlich im Dunkeln.

Wenn man seinen eigenen Bach Krit hat, kann man ihn wo auch immer fließen lassen, so wie man sein Zelt an einem beliebigen Ort aufschlägt. Das transportable Heiligtum ist leicht zu tragen und sehr praktisch. Es funktioniert auf der ganzen Welt. Gott ist der Boden und der Grund, auf dem es steht. Wo man die Zeltplane in ihm festmacht, ist heilige Erde.

Die zwei Erzählungen, die vom Bach Krit und die von der Höhle und dem Sturmwind, haben etwas gemeinsam: In beiden ergeht in der Stille eine Anrede an Elia. »Da kam das Wort des Herrn zu ihm« (1. Könige 17,8); »Und siehe, das Wort des Herrn kam zu ihm« (1. Könige 19,9). Aus den Texten geht nicht hervor, ob Elia dieses Wort akustisch vernimmt oder ob er auf andere Art angesprochen wird. Aber das Wort erreicht ihn, und er begreift es. Für mich ist es eine wichtige Erkenntnis geworden: Die Stille ist nicht das Ziel. Gott ist das Ziel.

»Das Wort des Herrn kam«, das ist eine Art programmatisches Statement. Darum geht es, wenn ich in der Stille hinhöre. Ich glaube, dass alles, was man ohne die Stille nicht hören würde, das Leben reicher macht. Genau darauf richte ich meine Aufmerksamkeit; dieses Wort ist es, aus dem Leben entspringt. »Der Mensch lebt nicht vom Brot allein, sondern von einem jeden Wort, das aus dem Mund Gottes geht«, um es mit Jesus zu sagen (Matthäus 4,4; Jesus zitiert hier 5. Mose 8,3). Irgendwo in der Stille klingt das Wort, das Leben gibt.

Die Stille ist nicht das Ziel. Gott ist das Ziel.

In Elias Leben gibt es schnelle Umschwünge. Der Showdown auf dem Karmel, wo Elia mit den falschen Propheten abrechnet, liegt hinter ihm. Schon folgt etwas, das einer schweren

Depression gleicht, dann wieder Speise vom Himmel, diesmal von einem Engel dargereicht. Er empfängt die Kraft, sich auf eine Wanderung zu machen, die 40 Tage und 40 Nächte dauern wird, bis zum Berg Gottes, dem Horeb. Dort sucht er, von Angst getrieben, in einer Höhle einen geschützten Platz für die Nacht.

In dieser vollkommenen Einsamkeit sucht Gott ihn auf und fordert ihn auf, aus der Höhle herauszutreten und sich auf den Berg zu stellen. Dort will er sich Elia zeigen. Ein großer Schritt für jemanden, der Angst hat. Da ist die Höhle sicherer. Das Hören auf Gott hat eigentlich vorher stattgefunden, als Elia noch in der Höhle war. Vor dem Sturm. Vor dem Erdbeben. »Ein großer, starker Wind, der die Berge zerriss und die Felsen zerbrach, kam vor dem Herrn her; der Herr aber war nicht im Winde« (1. Könige 19,11). Auch nicht im Feuer. Nicht im Beben.

Nach dem Feuer kommt das stille, sanfte Sausen. Wenn ich es recht verstehe, tritt Elia erst jetzt heraus und stellt sich in die Öffnung der Höhle. Die Stille und das Sausen geben ihm den Mut, sich nicht länger zu verstecken, sondern ins Freie zu treten. Hier, in *the sheer silence* sprechen Gott und der einsame Mann miteinander.

Die Texte, die ich lese, geben den Ton an für meinen Morgen, sie bilden den Soundtrack meiner Gedanken und meiner Gebete. Ich bitte um den Mut, vor dem Sturm nicht wegzulaufen, und um die Gnade, so etwas wie eine stille Radnabe zu besitzen, ein Zentrum tief in meinem Inneren, wo ich Gottes

Anrede vernehmen kann. Ich verfolge die Morgendämmerung, Minute für Minute, sehe, wie die Sonne über den Horizont steigt, und meditiere über ein Wort aus den Psalmen:

> Meine Seele wartet auf den Herrn mehr als die Wächter auf den Morgen; mehr als die Wächter auf den Morgen.
>
> *Psalm 130,6*

Den ganzen Tag sitze ich in meinem Zimmer und beobachte den Sturm und was er anrichtet. Mit drei Ausnahmen: Ich gehe in die Bar an der Ecke und trinke einen Kaffee. Ich besuche die Messe in der katholischen Kirche am Ort. Ich gehe in die Bar an der Ecke und trinke noch einen Kaffee. Das ist auch eine Art von Liturgie, weit entfernt vom üblichen Rhythmus. Staub von afrikanischer Erde wird über die Insel getragen und erinnert mich daran, dass auf unserer Welt alles zusammenhängt. Immer schon. Ein wenig entfernt von hier ist ein Waldbrand entfacht worden; Hubschrauber fliegen über das Meer und füllen riesige Säcke mit Wasser. Sie erinnern mich daran, dass die Erde nicht einfach alles erträgt; sie fiebert.

Ich glaube, dass Gott im Sturm ist. Auch im Sturm.

Ich glaube, dass Gott im Sturm ist. Auch im Sturm. Nur weil er damals bei der grandiosen Aufführung, dessen Publikum nur aus Elia bestand, nicht im Sturm war, heißt das nicht, dass Gott nie im Sturm ist. Denn auch dafür gibt es Beispiele in der Bibel.

Der Prophet Hesekiel berichtet: »Und ich sah, und siehe, es kam ein ungestümer Wind von Norden her, eine mächtige Wolke und loderndes Feuer, und Glanz war rings um sie her, und mitten im Feuer war es wie blinkendes Kupfer« (Hesekiel 1,4).

Die Messe wird zur Mittagszeit gefeiert. Ich sitze hinten in der Kirche und warte. Gleich soll es beginnen. Der Pfarrer versucht modern zu wirken, indem er Dinge zum Einsatz bringt, die schon wieder veraltet wirken. Ich hoffe, dass der erste Teil nicht zu lange dauert, denn ich bin hier, um das Abendmahl zu empfangen, alles andere kann ich ja nicht aufnehmen; Sprache und Verpackung verbergen den Inhalt. Ich vermisse meine Gemeinde, all die Leute, mit denen ich seit 36 Jahren Gottesdienst feiere. Und ich vermisse auch alle, die erst später dazugekommen sind und die durch ihre Anwesenheit unsere Gemeinde verändert haben.

Ich mag Gottesdienste. Schöne wie mäßig schöne. Es ist der Gottesdienst selbst, den ich liebe, nicht das, was ich als sein »Ergebnis« in meinem Leben »messen« kann. Wenn ich zu Hause bin, besuche ich an jedem Sonntag den Gottesdienst. Auch wenn er mir mal »nichts bringt« – darum geht es erst mal gar nicht. Es ist Gottes Zeit, nicht meine. Ich gehe am nächsten Sonntag trotzdem wieder hin, so wie mein Vater immer wieder an die Seen ging, von denen er wusste, dass es dort Forellen gibt. Das tat er auch in Zeiten, in denen er jedes Mal mit leeren Händen nach Hause kam.

Aber jetzt bin ich hier, und das, wozu ich eingeladen bin, ist universell: Brot und Wein. Eine physische Wirklichkeit, die für eine unsichtbare Wirklichkeit steht. Eine Art Bach Krit in unserer Welt. Raben kommen mit Brot vom Himmel geflogen, und der Bach versorgt uns mit Wasser. Ich stehe in der Reihe mit allen, die nach vorne gehen, und bekomme meine Ration für ein weiteres Stück Wanderung auf meinem Lebensweg.

Ich gehe zurück in mein Zimmer und kämpfe auf dem Weg mit einem Wind, der so stark bläst, dass man sich gegen ihn lehnen kann, ohne umzufallen, wie gegen eine unsichtbare Wand. Möwen fliegen über den gelb-braunen Himmel; der Wind scheint sie nicht zu stören, im Gegenteil: Sie scheinen im Wind zu spielen. Die Palmen sehen aus wie langhaarige Mopedfahrer aus meiner Jugendzeit, als man noch keinen Helm trug. Teile der Straßenbeleuchtung an der Dorfstraße, die zum Strand führt, sind in der Nacht vom Sturm abgerissen worden und liegen auf dem Spielplatz verteilt wie Lego-Teile. Gestern standen noch siebzehn Wohnwagen an dieser Straße, jetzt sind alle fort und stehen sicher an ruhigeren Orten im Dorf. Alle bis auf einen. Als ich das nächste Mal nachschaue, ist auch dieser Wohnwagen verschwunden.

Ich stehe hier. Ich bin im Auge des Sturms. Die Stille in meinem Raum, vor dem großen Fenster, ist mein Versteck in einem windgeschützten Plätzchen, einem akustischen Käfig. Nicht wie ein Gefängnis, eher wie ein Haifischkäfig, den man herunterlässt, um etwas sehen zu können, das man nur in dieser Position sehen kann.

Am Abend gehe ich vors Haus und stelle mich in den Sturm. Der Lärm der brüllenden *Calima* ist x-mal stärker als meine Stimme. Hier kann ich zu Gott rufen, ohne dass irgendjemand außer Gott es hören könnte. Ich rufe Dinge, die Gott längst schon weiß. Aber für mich ist es wichtig zu wissen, dass ich ihm all das ausdrücklich gesagt habe. Der Sturm hält das besser aus als die Stille.

Ich rufe laut im Sturm, was ich heute Morgen gar nicht zu glauben wagte: dass Jean Vanier nach seinem Tod wegen sexueller Übergriffe angeklagt worden ist. Ich gehöre zu denen, die sein Leben und Wirken in Schweden bekannt gemacht haben. Ich habe einige Stunden mit ihm in seinem Zuhause in Trosly-Breuil gesprochen, er hat mich gesegnet, und er ist mir jahrzehntelang Vorbild und Leitstern gewesen. Ich kann mit dieser Neuigkeit nur schwer umgehen. Ein tiefer Fall.

Ich spüre gleichzeitig Zärtlichkeit und Zorn. Ich schreie in den Sturm, dass Gott bei den Opfern sein soll und dass er in seiner Gnade Jean Vanier unter seine Fittiche nehmen möge. Soll ich alles zurücknehmen, was ich über ihn geschrieben habe, über meine Begegnung mit ihm in seinem Haus, über alles, was er mir bedeutet? Nein, den Preis müssen leider seine Opfer bezahlen. Und er selbst. Das ist schlimm genug. Das Gute, das er getan hat, ist nicht zunichtegemacht, aber es ist beschädigt.

Ich rufe es in den Sturm hinaus. Ich berufe mich darauf, dass es eine höhere Instanz gibt: den Gott, der nur lieben kann. Meine Rufe nehmen im rotbraunen Sandsturm ihren Weg hinaus aufs Meer.

20

Stell dich dem Tag, ehe der Tag sich dir entgegenstellt

Am Ufer seines Lebens entlanggehen und sehen,
was die Nacht angespült hat.

Edward J. Farrell, Free to Be Nothing

Der Morgen ist ein Strand.

Ich bin ein kleiner Junge. Ich bin zum Strand gerannt, bevor jemand anderes aufwachen und nachsehen konnte, was die Wellen in der Dunkelheit der Nacht mit sich geführt haben. Manchmal, besonders nach stürmischen Nächten, ist der Strand am Morgen mit den unterschiedlichsten Dingen bestückt. Müll, Seetang und Holzstücke, aber auch Dinge, die einen Wert haben. Andere Nächte hinterlassen dem aufziehenden Morgen einen fast leeren Strand. Es kommt auch vor, dass ich zwischen dem Treibgut ganz erstaunliche Sachen finde, heimliche Nachrichten oder Grüße aus fernen Zeiten und Welten, Dinge, von denen ich sehr gern mehr erfahren würde. Manchmal geschieht es auch – nicht nur auf der Leinwand –, dass das Meer eine Mitteilung via Flaschenpost transportiert hat. Flaschenpost ist portofrei; sie hat einen Absender, aber keinen bestimmten Adressaten. Je früher ich am Strand bin, desto größer ist meine Chance, etwas zu finden. Aber man kann es nie wissen, und deshalb ist es so spannend, den Strand abzulaufen.

Auch unsere inneren Strände können wir ablaufen, hin und her, und erstaunlicherweise ermüdet man dabei nicht.

Der Morgen sieht noch ganz wie die Nacht aus, als ich an meinem mobilen Bach Krit auf der kanarischen Insel aufstehe, mir einen Kaffee mache und mich auf den Balkon setze. Nach dem Sturm aus der Wüste, der drei Tage gedauert hat, kommt die Hitze. Die Nächte sind warm, und ich schlafe mit geöffneten Schiebetüren. Ich habe mich in einen Rhythmus eingefunden, der sich schon ganz selbstverständlich anfühlt. Ich beginne die Tage auch hier in der Stille, aber sie »klingt« ganz anders als zu Hause.

Das Erste, was ich höre, ist der dumpfe Klang des Meeres. Das Meer kann auf tausend unterschiedliche Arten klingen, aber es ist nie stumm. »Das Meer ist eine Trommel«, schreibt Gordon Hempton, »es schlägt den Takt für die Musik des Wetters auf der ganzen Welt.« Dieser langsame Schlag der Trommel ist das Erste, was ich in diesem Dorf höre, in dem noch alles und alle schlafen. In mir entsteht das Gefühl, ich sei erwählt, um genau jetzt und hier zu sitzen. Dieses Gefühl erlebe ich manchmal auch zu Hause, wenn ich in meiner Ecke im Arbeitszimmer sitze und alles so ist wie immer.

Es dauert eine Weile, bis der nächste Laut hervortritt. Es ist das Morgenlied der kanarischen Amsel *Turdus Merula Cabrerae*, die von einem Baum herunter singt, den ich nicht sehen kann. Ihr Gesang gleicht dem ihrer schwedischen Verwandten; beide Amseln singen schon, bevor es hell wird. Der Wind streicht durch die Kronen der Palmen und der anderen Bäume, die nah am Wasser stehen. Von weit entfernt höre ich das Geräusch eines Flugzeugs, das abhebt, dann wird es wieder still. Es dauert mehr als eine Stunde, bis ich das erste Auto höre. Danach wird das Dorf im Handumdrehen wach. Das Bäckerauto biegt um die Ecke, die Reinigungskräfte der Kommune beginnen, die Straße mit großen Palmwedeln zu reinigen statt mit Besen. Sie fegen im Dunkeln mit einer besonderen Technik und mit einem Werkzeug, das keine menschliche Hand geschaffen hat. Der Palmwedel ist zum Putzen wie geschaffen; die Männer schwingen ihn um den Müll herum und ziehen diesen dann hinter sich her. Irgendwo zwischen den Häusern bellt ein Hund.

Der alte Mann, der im Haus nebenan wohnt, tritt jeden Tag um die gleiche Zeit vor die Tür, und seine Latschen schleifen über die Erde, während er in Richtung des Cafés an der Ecke schlurft, das schon früh aufmacht. Unter meinem Balkon bleibt er stehen, um mir zuzuwinken. Bald darauf fliegen alle Klänge miteinander fort, und nach einer knappen Stunde ist das Klangbild vollkommen verändert. Mit den neuen Klängen kommt das Licht. Die Sonne geht auf und taucht den

Morgenhimmel in ein rotgelbes Licht, das weit hinten über dem Wasser in Rosa übergeht. Man erkennt am Himmel, dass es ein warmer Tag werden wird. In der morgendlichen Luft ist etwas Klares zu spüren, etwas wie Reinheit.

Kann man für die Segnungen des frühen Morgens werben, ohne die Morgenmuffel noch müder zu machen? Ich weiß es nicht. Aber ich will gern einen Versuch machen. Es ist mehr als eine rhetorische Frage, denn ich habe gemerkt, dass es als Provokation wirken kann, wenn ich behaupte, der Morgen sei die beste Zeit für die innere Sammlung, für Stille und Gebet. Es hört sich so streberhaft an. Natürlich ist ein bestimmter Zeitraum am Morgen nicht wertvoller als am Abend, aber die Sinne sind klarer, egal, ob man sich zu den Eulen zählt, die abends nicht ins Bett gehen und morgens nicht aus dem Bett herauskommen, oder zu den Lerchen, die früh munter und früh müde sind.

Die »Sinne« meinen nämlich etwas anderes als die Tatsache, dass die einen mit wachem Blick aufstehen und die anderen den Sand schier nicht aus den Augen bekommen. Es hat damit zu tun, ob wir dem neuen Tag ausgeruht begegnen, ob der Nachtschlaf geholfen hat, einen Teil des Rauschens zu sortieren und zu bewältigen, sodass Platz für all das Neue geschaffen wird, das unweigerlich auf uns zukommt. Der Morgen ist für mich eine Haltestelle im Fluss der Zeit, die mir dabei

Der Morgen ist die beste Zeit für die innere Sammlung, für Stille und Gebet.

hilft, manche Dinge auszusortieren und andere herbeizusehnen.

Diese Kunst ist so alt wie die Menschheit, und schon der weise Salomo hat sie im Buch der Weisheit in Worte gefasst, die heute unerwartet modern klingen: »Wer sich früh zu ihr aufmacht, muss sich nicht mühen, denn sie wartet schon vor seiner Tür« (Weisheit Salomos 6,14). Früh aufzustehen ist ein Trend geworden. Der englische Ausdruck *early bird* hat eine Renaissance erlebt, und das nicht nur als Name eines Unternehmens der Lieferbranche, sondern auch als Anreiz, sich früher anzumelden, um einen Rabatt bei verschiedenen Konferenzen und Veranstaltungen zu bekommen. Der Ausdruck ist natürlich viel älter und geht auf den Beginn des 17. Jahrhunderts zurück. Unverkürzt heißt er: »The early bird catcheth the worm.« Als Übersetzung schlägt *Google Translate* vor: »Morgenstund' hat Gold im Mund.« Das klingt auf jeden Fall netter, als von einem Wurm zu reden, der vom Vogel gefressen wird.

Die Früh-aufstehen-Bewegung hat einen Fürsprecher in Mahatma Gandhi, der jeden Morgen um zwei Uhr aufstand, um einige Stunden für sorgfältige rituelle Waschungen, für das Schreiben von Briefen und für die Meditation zu haben. Vieles spricht auch dafür, dass Jesus seine Tage früh begann. Im ersten Kapitel des Markusevangeliums lesen wir: »Und am Morgen, noch vor Tage, stand er auf und ging hinaus. Und er ging an eine einsame Stätte und betete dort« (Markus 1,35). Dass Jesus früh am Morgen die Abgeschiedenheit suchte, heißt nicht, dass Schichtarbeiter oder Menschen mit unregelmäßigen Arbeitszeiten keine Möglichkeit haben, es ihm gleichzutun. »Früh« kann heißen: wenn man aufwacht und seinen Tag beginnt, unabhängig von der Tageszeit. Wichtig ist nur, dass man ausgeruht ist.

Dass frühes Aufstehen ganz allgemein großen Gewinn bringt, wird auch durch die Forschung gestützt. Untersuchungen der Universität Heidelberg haben ergeben, dass Menschen, die am Morgen zwischen 5 und 6 Uhr aufwachen, in Sachen Produktivität und Problemlösung besser sind als die Nachtschwärmer, die länger schlafen. Forscher an der Stanford-Universität in Kalifornien empfehlen, mit dem Klingeln des Weckers aufzustehen und die Schlummerfunktion zu unterdrücken. Sie glauben, dass die Snooze-Taste uns in ein Ungleichgewicht führt, weil der Körper verwirrt wird. Schlussendlich schlafen wir länger, fühlen uns aber müder, als wenn wir gleich aufgestanden wären.

Die große Gabe des frühen Morgens: Gottes Flüstern und seine Nähe als Antwort auf unsere Sehnsucht.

Es gibt inzwischen ein ganzes Panorama von Büchern zu diesem Thema, die einen durchschlagenden Erfolg hatten. Diese Bücher haben ihre Verdienste und sagen im Großen und Ganzen das, was ich hier auch zu sagen versuche. Ihr Fokus liegt jedoch meist darauf, wie man ein Mensch wird, der erfolgreich und effektiv ist. Ich glaube, dass sich dieser Zusammenhang tatsächlich herstellen lässt, aber das ist eher ein Nebeneffekt dessen, was die große Gabe des frühen Morgens ist: Gottes Flüstern und seine Nähe als

Antwort auf unsere Sehnsucht. Der »Wurm«, den ich am frühen Morgen fange, meint etwas Geistliches; Erfolg und Effektivität haben für mich ihre Attraktivität verloren.

Ein wiederkehrendes Thema bei Menschen, die über das Gebet schreiben, ist das »Sich-Einfinden«. Es ist nicht dasselbe wie »im Hier und Jetzt sein« oder »den Tag pflücken« bzw. das berühmte *Carpe diem*, eher schon geht es um die richtige Rollenverteilung. Wichtig ist nicht so sehr, was ich tue, sondern eher, dass ich mich einen Moment im Kraftfeld der Nähe Gottes aufhalten darf. Die Sehnsucht danach wird gestärkt durch die drei Segnungen des Morgens: Ruhe, Dunkelheit und Stille.

Darum geht es mir, wenn ich vom frühen Morgen spreche: Ich will in der Nähe dieses Kraftfelds sein, bereit sein. Ich möchte mich dort einfinden, ohne die Erwartung, es müsse jedes Mal irgendetwas passieren. In den allermeisten Morgenstunden passiert nichts. Ich schlurfe sozusagen auf Schlappen und mit einer Tasse Kaffee durch meine Rituale und Texte, immer in der Stille. Aber all das wird wichtig, weil es in der Summe etwas Ganzes bildet. Wenn es auf sieben Uhr zugeht, raffe ich mich auf und gehe zum Bus.

Aber manchmal geschieht es – und vielleicht ist es gerade wichtig, dass man nie weiß, wann –, als würde eine Stimme aus der Stille hörbar oder als würde ein Licht aufscheinen. Etwas beginnt zu funkeln, ein Bibelvers, ein Zitat aus einem Buch, ein Gedanke oder auch nur der Gesang der Blaumeise in der alten Ulme. Das Bekannte und Normale kommt plötzlich als etwas ganz Besonderes auf mich zu. Aus Wasser wird Wein. Ein Teil der Klänge ist akustisch zu vernehmen, andere entstehen in meinem Inneren, stehen da und vermitteln mir das Gefühl, dass sie wichtig und dringlich sind. Die Stille, die vorher allgemein war, präzisiert sich. Sie wird zu einer »betonten Stille«, ein Ausdruck, den ich mir bei der Schriftstellerin Jane Brox ausgeliehen habe.

Ich glaube, es gibt viel zu gewinnen, wenn man den Tag – und sei es mit wenigen stillen Minuten – so beginnt, dass man in sich hineinhorcht, auf sein Herz hört, auf seine Sehnsucht, und erst dann die Nachrichten hört, Mails checkt oder Anrufe erledigt. Wenn man auf das, was einem begegnet, lediglich impulsiv reagiert und auch selbst impulsiv agiert, kommt man nicht vorwärts, und das Leben wird schnell von äußeren Faktoren und den Erwartungen anderer gesteuert statt von dem, wonach man selbst sich sehnt. So verliert man sich. So ertrinkt man in Details. Deshalb glaube ich, dass es besser ist, sich dem Tag auf eine gute Art zu stellen, als zu versuchen, ihn irgendwie einzufangen.

Ich folge dem Schema, das viele »Morgendämmerungsmenschen« schon lange vor mir entdeckt haben: in die Stille gehen und warten, die Minuten verstreichen lassen. Dann kann passieren, was auch immer passiert, denn die Stille ist nicht statisch, sie ist dynamisch und verändert einen, je länger man sich in ihr aufhält. Das »Hörfeld« weitet sich, und man hört mit der Zeit neue Klänge – Klänge, die man früher gar nicht wahrnehmen konnte.

Vor einiger Zeit habe ich einen geradezu überdeutlichen Beleg dafür erhalten. Zusammen mit zwei schreibenden Kollegen besuchte ich ein Kloster in der Toskana. Wir reisten aus unterschiedlichen Orten an und hatten verabredet, uns am Bahnhof in Pisa zu treffen. Das letzte, kurvenreiche Stück unseres Wegs zum Kloster bewältigten wir, von Hoffnung getragen, in einem Fiat 500. Nach dem Empfang durch die fünf Mönche, die in dem Kloster leben, stiegen wir hinauf zur alten Dorfkirche, die jetzt als Klosterkapelle dient. Wir hatten noch fast eine Stunde, bevor der Abendgottesdienst beginnen sollte, und wir verteilten uns mit weitem Abstand im Raum. So blieben wir sitzen. In der Kapelle herrschte eine fast vollkommene Stille. Es war ein eindrückliches Erlebnis, so als würde man niedersinken und von einem anderen Element umschlossen werden. Fast wie eine Taufe. Die Zeit, die die Uhren angeben, schwieg und verwandelte sich ganz bald in eine andere Art von Zeit. Etwas, das man nicht messen und nicht berechnen kann.

Aus der Stille traten neue Laute hervor, die man mit einer Erwartungshaltung gar nicht wahrnimmt.

Es war wirklich vollkommen still. Die Minuten verrannen, die Gedanken irrten erst hierhin und dorthin, dann wurden sie nach und nach still. Eine halbe Stunde verging, und aus der Stille begannen neue Laute hervorzutreten – Laute, die man nicht wahrnimmt, wenn man einen Raum betritt und von vornherein weiß, was man dort sucht. Es ist, als müsste man erst einmal eins werden mit dem Raum, mit der Stimmung in diesem Raum, um zu merken, dass es in der Stille nicht still ist.

Ich kniete mich auf den Boden, der von der spätsommerlichen Sonne noch warm war, und verharrte in dieser Position eine ganze Weile, bevor ich merkte, dass da ein anderer »unhörbarer« Laut zu hören war, etwas, das mit hellem Klang *Pling!* machte oder *Plopp!* Ein Klang, der schwer zu beschreiben ist. Ich begriff, dass er aus einer Ecke ganz hinten in der Kirche kam, von einem großen mit Wasser gefüllten Brunnen. Es war der Taufstein. Aus dem Wasser ragte ein grün angelaufenes Kupferrohr, und aus diesem kam das Wasser, das das Geräusch erzeugte. Es rann nicht, sondern tropfte – mal ein einzelner Tropfen, dann wieder einige schnell hintereinander, dann war es wieder still. Nie fallen zwei Tropfen auf dieselbe Weise, das wusste ich. Aber ich wusste nicht, dass Wasser auf so viele verschiedene Weisen fallen und so unendliche Klangvariationen erzeugen kann.

Die Begegnung der Tropfen mit der Wasseroberfläche wurde zu Musik, und in diesem Augenblick begriff ich, dass genau das geschehen kann, wenn man sich eine Weile in der Stille aufhält. Manchmal ist die Stille beängstigend, weil man sich nicht vor sich selbst verstecken kann, aber hier wartet auch etwas sehr Schönes auf uns. Etwas, das am ehesten Musik gleicht, vielleicht könnte man sogar sagen, dem Lebenslied, das man nicht hört, wenn man sich nur dort aufhält, wo es laut ist. Dieses Lied ist immer da und wartet auf uns; es trägt Hoffnung und Zukunft in sich.

Der Halbsatz »Am Morgen, noch vor Tage«, der Jesu Morgenroutine beschreibt, ist möglicherweise wichtiger, als wir ahnen, und vielleicht etwas von dem, worauf auch Beter aller Traditionen und Zeiten gekommen sind. Sie waren nicht umsonst *early birds*.

»Jeder Morgen ist ein Frühling in Kurzfassung«, schreibt der dänische Autor und Journalist Kelvin Lindemann. Es ist etwas zutiefst Hoffnungsvolles, wenn man beim Übergang von der Nacht zum Tag dabei sein darf, wenn man den schrittweisen, fast unmerklich sich vollziehenden Sieg des Hellen über das Schwarze miterlebt. Man kann unmöglich sagen, wann genau dieser Sieg errungen wird. Der Übergang zieht sich auf eine barmherzige Weise in die Länge.

Im Jahreslauf bewirken die wechselnden Zeiten des Sonnenaufgangs, dass ich zu Beginn meines Tages manchmal durchgehend im Dunkeln und manchmal durchgehend im Hellen sitze, aber in den meisten Monaten kann ich die Morgendämmerung verfolgen. Jede dieser Stunden ist eine Predigt. Ein Statement. Sie verkündet und stellt fest, dass die Dunkelheit am Ende der Schlacht immer als Verlierer dasteht. Die Dunkelheit war das Erste, als unsere Welt entstand. Dann kam das Licht, und die Dunkelheit musste ihr die Herrschaft abtreten. Jede Drehung der Erde um die Sonne ist eine Erinnerung an diesen Sieg. Jeden Morgen zeigt das Licht, worauf die Schöpfung zielt.

Jeden Morgen zeigt das Licht, worauf die Schöpfung zielt.

Nach jüdischer Auffassung beginnt der Tag am Abend und endet am folgenden Abend. Wenn wir aufwachen, ist der halbe Tag schon vorbei. Darin steckt ein Glaubensbekenntnis: Während wir geschlafen haben, hat Gott gearbeitet.

21

Du hast die Tage gezählt

Zähle die Tage meiner Flucht, sammle meine Tränen in deinen Krug; ohne Zweifel, du zählst sie.

Psalm 56,9

Ich war gerade seit fast einem Monat in Spanien, als das Unwirkliche eintrat, das, von dem niemand geglaubt hätte, dass es geschehen könnte, wenn jemand es denn vorhergesagt hätte. Ein kleines Virus – schönes Aussehen, schöner Name, aber ein stiller Killer, der sich in die Körper einschleicht – schloss alle Grenzen zwischen den Ländern. Flugzeuge, denen sonst zwischen den Flügen kaum Zeit zum Abkühlen blieb, verharrten auf dem Boden. Dasselbe Bild in der ganzen Welt: Arbeitsplätze verwaisten, Quarantäne wurde verhängt, die Menschen begannen zu hamstern und Vorratslager für Lebensmittel und Dinge des täglichen Bedarfs anzulegen. Über Nacht war unsere Bewegungsfreiheit stark eingeschränkt. Manche sprachen von kriegsähnlichen Zuständen.

Es gelang mir, mein Ticket umzubuchen und dabei Zwischenlandungen und spanische Inlandsflüge zu vermeiden. Am Tag nach meiner Rückkehr schlossen sowohl Spanien als auch Schweden ihre Grenzen. In den Monaten, die folgten, starben Hunderttausende Menschen in der ganzen Welt.

In so gut wie jedem Gespräch tauchte in den folgenden Monaten die Formulierung auf: »in diesen Zeiten« oder »in diesen seltsamen Zeiten«. So hatten wir vorher nicht gesprochen. Damals waren wir noch ungehindert auf dem Weg zu unseren Traumzielen unterwegs gewesen. Jetzt wurde uns im Nu klar, dass wir keine Macht über die Zeit haben. Und das alles wegen eines kleinen Virus.

Die meisten Dinge wurden abgesagt, die Sommerreisen fielen aus, und wir befanden uns plötzlich in einer Art Vakuum, das sowohl beängstigend als auch unergründbar war. Für die Menschen, die von Krankheit und Tod getroffen wurden, war es einfach nur qualvoll und zerstörerisch. Für viele, die schon vorher an Einsamkeit gelitten hatten, wurde diese Zeit beinahe lebensbedrohlich. Man kann auch vor Traurigkeit sterben. Einem Teil der Menschen, die zuvor ein intensives soziales Leben gepflegt hatten, ging auf, dass die Pandemie einen Leerraum geschaffen hatte, den man nicht schnell mit etwas anderem füllen konnte oder sollte. Eine unfreiwillige Einkehrzeit nannten es einige. Für manche von uns wurde es zu einer Zeit, die uns entdecken ließ, dass es vieles gibt, auf das man gut verzichten kann, und dass Aktionismus und Konsumstreben uns trickreich um die Lebensqualität bringen, die wir in der Nähe, in der Stille und im Einfachen finden. Und die es dort schon immer zu finden gab. Wir blieben zu Hause und entdeckten, dass das, was wir schon haben, gar nicht so schlecht ist. Dass es zu Hause mindestens ebenso spannend sein kann wie andernorts. Globetrotter bekamen die Gelegenheit, ihren eigenen Stadtteil zu erkunden.

Es war, als hätte die Pandemie die erste Runde durch einen Überraschungscoup gewonnen. Nach dem Schock kam die Unruhe, die persönliche und die kollektive. Wir begriffen, dass es hier nicht um Wochen ging, sondern um Monate, vielleicht Jahre. Und weil wir immer wieder nach einer genauen zeitlichen Begrenzung suchten, bekam die Unruhe freies Spiel. Die Fragen sprossen in der Frühlingssonne: Was passiert mit unserer Wirtschaft? Mit dem Job? Mit dem Haus? Aber auch: Was macht das mit unserer Welt? Jeden Tag um zwei Uhr gab es eine Pressekonferenz, in der Wendungen wie »den Inzidenzwert beobachten«, »auf der Hut sein« und »nicht prognostizierbar« zum Mantra wurden. Wir sahen ein, dass Vorhersagen unmöglich waren. Am Anfang schrien die besonders laut, die ein präzises Datum für das Ende der Pandemie hören wollten, einige Wochen später waren sie verstummt.

Die Zeit der Pandemie: Eine unfreiwillige Einkehrzeit nannten es einige.

Wir erlebten, dass Machtlosigkeit und Schutzlosigkeit, die doch immer zu unserem Leben gehören, plötzlich spürbar und unausweichlich waren. Und wir erlebten auch eine Art

Zeitlosigkeit. Die in Scheibchen genau eingeteilte, getaktete Zeit, die unsere Wochen bestimmt hatte, fing an, sich zu verflüchtigen. Morgen, nächste Woche, im Herbst … Wenn man Zeitangaben machte, fühlte es sich an, als würde man über austauschbare Klötzchen in einem Spiel reden, dem die Spielanleitung fehlt. Unsere Kalender veränderten sich. Ein Frühling, ein Sommer und ein Herbst verschwanden mit einem Strich unserer Kulis. Sachen, die neulich noch gedrängt hatten, drängten nicht mehr. »Wir machen das, wenn alles wieder wie früher ist«, sagten wir, aber dann verstanden wir nach und nach, dass »wie früher« ein Zustand sein könnte, der nicht wiederkommt.

Wir bekamen Zeit geschenkt. In dieser Zeit blieb es still. Nicht wunderschön still wie längs der Wege durch Wyoming, sondern auf eine unheimliche Weise still. Zunächst füllten wir die Stille, indem wir in jedem Gespräch über die Pandemie, das Coronavirus und Covid-19 redeten. Als könnten wir das Virus dadurch beschwören, dass wir es ständig nannten. Bei manchen Menschen führte das zu einer Unruhe, mit der sie schlechter umgehen konnten als mit der Sache an sich. Zu denen, die von dieser Unruhe heimgesucht wurden, gehörte auch ich.

Die Leute sagen mir oft, ich sähe so sicher aus, wenn ich öffentlich auftrete. Dass ich eine Stimme und eine Sprachfärbung hätte, die einen ruhig werden lasse. Es gibt sogar Menschen, die Einschlafschwierigkeiten haben und meine von mir selbst gelesenen Hörbücher zu Hilfe nehmen anstelle von Schlaftabletten. Ich freue mich, dass das funktioniert.

Dennoch ist es leider so, dass ich als Träger eines Unruhe-Gens auf die Welt gekommen bin, das von meiner Mutter stammt. Meine Mutter war eine liebevolle Frau, durch deren Leben sich aber ein stark spürbarer Unruhe-Faden zog. Die kleinste Luftbewegung ließ diesen Faden vibrieren. Und diesen Faden finde ich auch in mir, wenn er auch nicht ganz so empfindlich reagiert wie der meiner Mutter.

Ich unterscheide Angst und Unruhe. Angst reagiert auf eine Bedrohung. Sie sieht etwas, hört etwas und wehrt sich blitzschnell gegen die drohende Gefahr. Wenn man aber wie ich eine unruhige Seele hat, weiß man gar nicht immer, was der Grund für die Unruhe ist. Sie ist namenlos, findet aber ständig neue Opfer, an denen sie sich festbeißen kann, und sie bekommt ständig neue Energie.

In meinem Buch *Warum Ruhe unsere Rettung ist* beschreibe ich eine Strategie, die ich entwickelt habe, um mit meiner angeborenen Unruhe klarzukommen. Diese Strategie ist dann zum Titel eines anderen Buchs geworden: *Jag lutar åt God* (»Ich lehne mich an Gott«). Wenn ich mich anlehne, nehme ich meinen Körper zu Hilfe, um mit Gedanken und Gefühlen, die man nicht steuern kann, zurechtzukommen. Ich ernenne eine Seite meines Körpers zur Resignationsseite und eine zur Trostseite. Ich bringe mir bei, mich in die Richtung anzulehnen, in die ich wachsen will. Ich wähle den Trost. Ich entscheide mich, dem, was meine innere Welt nur aufrührt, den Rücken zuzukehren. Ich lehne mich an Gott an.

Diese Strategie führt mich zu einem Psalmvers: »Zähle die Tage meiner Flucht, sammle meine Tränen in deinen Krug; ohne Zweifel, du zählst sie« (Psalm 56,9). [Im Schwedischen steht hier »Unruhe«, wo es im Deutschen »Flucht« heißt. Anm. d. Übers.] Es ist ein Psalm Davids, geschrieben auf der Flucht. Saul ist hinter ihm her und trachtet ihm nach dem Leben. David hat solche Angst, verraten und entdeckt zu werden, dass er nicht einmal davor zurückschreckt, den Wahnsinnigen zu spielen. Er muss sein Leben retten und flüchtet sich in eine Höhle, in der er sich versteckt. Das alles kann man im ersten Buch Samuel im Alten Testament nachlesen.

Was macht er in der Höhle? Er tut das Einzige, was ihm bleibt. Er betet. Im Gebet stellt er sich ein Bild vor Augen: Der Gott des Himmels geht mit einem großen Eimer durch alle Räume unseres Lebens und wischt wie mit einem Lappen die Unruhe, das Gefühl des Auf-der-Flucht-Seins auf. Nicht ein Tropfen soll vergeudet sein. Alles, was unser Leben verzerrt hat, wringt er in seinen Krug. Dann misst er die Unruhe. Ich weiß nicht, was damit geschehen soll, aber ich verstehe es als einen Ausdruck seines tiefen Mitfühlens. Gott wischt alles auf und sammelt es, bis zum letzten Tropfen.

Im Corona-Frühling tauschte ich zeitweilig meine Morgenrituale gegen einen täglichen langen Morgendämmerungsspaziergang durch den Wald zwischen Säve und Djupedal ein. Jeden Morgen dieselbe Strecke, vorbei an demselben Bach, denselben Pfad entlang. Eines Morgens hörte ich mir selbst zu, während ich laut sprach, ganz so, als ob ich in Gesellschaft gewesen wäre, obwohl ich doch allein war. Das klingt vielleicht seltsam, aber es war, als ob ich jetzt plötzlich erst merkte, dass ich laut mit mir selbst sprach. Dabei mache ich das schon immer. Mal halte ich kommende Vorträge als Testlauf, mal erprobe ich Argumente für ein anstehendes Gespräch, mal spreche ich Dinge aus, mit denen ich ringe, oder erzähle mir selbst Sachen, die ich natürlich schon weiß. (Aber weiß ich sie wirklich?) Das Wort hat schöpferische Kraft, und manchmal ist es tatsächlich so, dass eine Einsicht mir erst in dem Moment kommt, in dem das Wort den Mund verlässt.

Wer mich in solch einer Situation beobachtet, könnte vielleicht glauben, ich sei ein seltsamer Kauz. Dabei ist es nicht kauzig. Für mich ist das Aussprechen meiner Unruhe nur eine der vielen Sprachen des Gebets. In dieser Zeit habe ich gemerkt, was es bedeutet, jemanden zu haben, mit dem man reden kann, der einen nicht korrigiert oder zurechtweist. Während dieser Spaziergänge wusste ich ganz genau, dass meine Unruhe ausgesprochen werden muss, dass ich anders nicht zurechtkomme. Ich musste irgendwohin damit, und da ich keinen anderen Ort wusste, habe ich sie vor Gott gelegt.

Für mich ist das Aussprechen meiner Unruhe nur eine der vielen Sprachen des Gebets.

Im biblischen Buch der Psalmen finden sich viele Unruhe-Gebete. Monologe, die doch keine Monologe sind. Es sind Dialoge mit einem Gesprächspartner, der auf andere Weise als mit Worten antwortet. Denn manchmal ist Zuhören die mit Abstand beste Art, im Gespräch zu sein, und Gott, wie er uns in den Psalmen begegnet, ist dafür der große Experte und das Vorbild.

Dass wir in der Bibel Hunderte Male aufgefordert werden, uns nicht zu fürchten, nicht ängstlich zu sein oder uns zu sorgen, zeigt, dass die Unruhe seit Anbeginn der Zeit die Menschen wie ein dunkler Schatten begleitet. Das Jahr 2020 hat diese Unruhe vervielfältigt, und wenn ich mich in meinem Bekanntenkreis umhöre, finde ich mein Erleben auch bei vielen anderen, die wie ich so etwas wie einen angeborenen Unruhe-Faden besitzen. Andere machen sich sicher auch Sorgen, ihnen fällt es aber etwas leichter, sich mit der Situation abzufinden.

Neulich hörte ich einen Beitrag der Sendereihe *Körper und Seele* im schwedischen Radio. Hauptthema war das Verlangen nach Wahrhaftigkeit, und nach einigen Minuten wurde ein Beitrag eingeschoben, der sich der Frage nach dem Verhältnis von Fantasie und Wahrheit widmete. Eingeleitet wurde der Beitrag durch ein Spielplatzgespräch zwischen einem kleinen Jungen, Rumi, und seinem Papa. Erst spielte Rumi allein, dann tauchte ein Affe auf, danach ein Löwe und schließlich ein Tiger. Rumis der Fantasie entsprungene Gefährten folgten ihm durch den Park und machten bei seinen Spielen mit. Er erzählte seinem Papa von seinen Freunden, ganz so, als wären sie wirklich anwesend.

In derselben Sendung wurde auch Eva Hoff interviewt, die an der Universität Lund Psychologie lehrt. Sie erzählte, dass mehr als jedes zweite Kind sich imaginierte Spielkameraden schafft. Die Kinder motivieren sich durch diese erfundenen Freunde selbst; sie werden für sie so etwas wie innere Coaches. Hoff berichtete auch, dass allzu artige Kinder manchmal einen imaginären Gefährten zu Hilfe nehmen und ihm den Auftrag geben, sich, wenn es nötig wird, gegen die Eltern zu stellen. »Es ist einfacher, ungezogen zu sein, wenn man einem anderen anschließend die Schuld zuschieben kann«, sagte sie. Die erfundenen Freunde beschrieb sie als eine Möglichkeit, mit den eigenen Eigenschaften zu experimentieren und das zu erweitern, was sie das Persönlichkeitsrepertoire nennt. Eine Art Verhältnis zu erfundenen Freunden, ins Erwachsenenalter hinein verlängert, kann man auch beobachten, wenn wir eine »innere Stimme hören«, Selbstgespräche führen oder dem Tagebuch anvertrauen und in ihm verstecken, was wir denken, fühlen und geheim halten wollen.

Ich fühlte eine Verwandtschaft mit Rumi. Ich bin 61 Jahre alt und verbringe große Teile meiner Zeit, in der ich allein bin, damit, dass ich jemandem, den ich nicht sehe, Dinge erzähle. Manchmal auch nur mir selbst, manchmal einem Freund, an den ich gerade denke, manchmal meiner Mutter, die ich vermisse. Und ohne dass sich das merkwürdig anfühlen würde, gehen diese »Dialoge« oft in ein Gespräch mit Gott über. Mit Gott, der alles hört, alles sieht und allem mit Zuneigung und Zärtlichkeit begegnet.

In den Monaten, in denen wir als Gemeinde uns nicht wie gewohnt zum Gottesdienst treffen konnten, war der Wald meine Kirche. Der Spaziergang wurde zur Liturgie mit seinem Wechsel von langen stillen Strecken und anderen, auf denen ich meine Sehnsucht, meine Wünsche und meine Bitten ausgesprochen habe. Seine Unruhe auszusprechen und sie irgendwo »hinbringen« zu können – dafür braucht man nicht unbedingt einen Ort, wo im professionellen Sinne therapeutisch gearbeitet wird.

Zum Glück gibt es solche Orte, aber in meinem Leben hat das Therapeutische immer mit meinem Glauben an einen persönlichen und erreichbaren Gott zu tun. Zu beten im Sinne eines unzensierten Gesprächs mit Gott bedeutet, den festen Griff, mit dem ich etwas halte, zu lösen, die Kontrolle abzugeben und darauf zu vertrauen, dass es im Leben Kräfte gibt, die in unseren Berechnungen nicht vorkommen. Beten heißt, den freien Fall zu wagen und darauf zu vertrauen, dass ich aufgefangen werde. Man muss aber nicht überzeugt sein, dass das alles stimmt, um mit dem Gespräch zu beginnen. Man kann auch den umgekehrten Weg gehen: erst sprechen, dann glauben.

Beten heißt, den freien Fall zu wagen und darauf zu vertrauen, dass ich aufgefangen werde.

Vor einigen Jahren nahm ich an einem Gespräch über den Glauben teil, zu dem Kattis Ahlström und ich von der Zeitschrift *Trots Allt* eingeladen worden waren. Ich fragte Kattis, ob sie ein gläubiger Mensch sei. Ihre Antwort werde ich nicht vergessen: »Die Sache ist etwas kompliziert, denn ich hatte, als ich klein war, eine richtig starke Beziehung zu Gott, die sich dann aber irgendwie verloren hat. Jetzt bilde ich mir ein, Gottvertrauen zu haben, aber das kann ja eigentlich nicht sein, weil wir keinen Kontakt mehr haben.« Und dann ergänzte sie: »Es ist so ähnlich, als wäre ich einsam und würde mir einen imaginären Spielkameraden schaffen. Ich tue so, als würde ich glauben, aber es fühlt sich irgendwie nicht gut an, weil ich ja nicht richtig glaube. Aber ich mache einfach weiter so, vielleicht wird es dann ja mal ein richtiger Glaube.«

Oder, wie Norman Birger es ausdrücken würde: »Bete, als gäbe es den Gott, den es gibt.«

Aus der ersten gespenstischen Corona-Stille wurde mit der Zeit eine Stille, die zunehmend durch Nachdenken geprägt war. Über unser Leben, über die Entscheidungen, die wir treffen, und über uns selbst. Die Zeitungen gingen voran, und die Feuilletonseiten füllten sich mit Texten, die alle einen existenziellen Klang hatten. Während ich das hier schreibe, weiß ich nicht, was aus all den Reflexionen und all dem Nachdenken nach der Pandemie wird. Ich hoffe natürlich, dass sie Bestand haben, aber ich befürchte, dass wir die Chance hatten, uns zu verändern, sie aber nicht ergriffen haben.

Henri Nouwen schreibt irgendwo über die Welt der geistlichen Schönheit, eine Welt von größerer Dichte, Fülle und Intensität als irgendeine physische Welt. Er erzählt von seiner Sehnsucht, auf die andere Seite zu wechseln, einzugehen in das stille, rhythmische, unzerstörbare Leben, einzutauchen »in den tiefen, starken Strom, der unter den unruhigen Wellen meines Meeres fließt«. Ich erkenne mich in dem, was Nouwen schreibt, wieder, kenne »die unruhigen Wellen meines Meeres«, weiß aber inzwischen auch, was er mit dem tiefen, starken Strom darunter meint. Die Tiefe ist genauso wirklich wie die Oberfläche. Die unruhigen Wellen haben mit den Wetterverhältnissen zu tun, mit dem Wind, der in unserem Leben bläst, mit Umständen, denen wir nicht entfliehen können. Wir müssen sie ernst nehmen. Aber unter diesen unruhigen Wellen gibt es eine Tiefe, in die wir nur gelangen, wenn wir hinabsinken. Sinken und zugleich umschlossen werden, dorthin geführt, wonach wir uns zutiefst gesehnt haben.

Die Unruhe will etwas von uns, sie hat eine Botschaft. Diese Botschaft übermittelt nicht nur die individuelle Unruhe, sondern auch die Unruhe, die gerade unsere ganze Welt bestimmt, kommende Generationen und deren Möglichkeiten, eine gute Zukunft zu finden. Die Botschaft wendet sich an unsere eigenen armen Seelen. Die Unruhe will etwas, aber sie trifft nicht die Entscheidungen, die hat kein Vetorecht und nicht das letzte Wort.

Das letzte Wort hat Gott, und dieses Wort ist ein Ja. Als im Jahr 2020 viele Wege versperrt waren, zeigte sich, dass ein Weg weiterhin offen blieb und nur auf uns wartete: der Weg nach innen. Dort in meinem Innern ist es nicht leer und trostlos.

Gott ist schon da. Er war immer schon da. Der Weg nach innen kann deshalb der Weg sein, der uns weiterführt.

Epilog

Kaum jemandem dürfte es entgangen sein, dass ein Vogel durch dieses Buch geflogen ist, ein Eisvogel. Wenn er nicht auf den Buchseiten, sondern im richtigen Leben vorbeigeflogen wäre, wäre das Risiko groß gewesen, dass die meisten ihn gar nicht bemerkt hätten. Trotz seines exotischen Federkleids mit den starken Farben in gewagter Zusammenstellung ist es sehr schwer, ihn zu entdecken. Er fliegt so schnell, dass man es einfach nicht mitbekommt.

Meinen Beitrag in der Radiosendung *Winter im P1* habe ich im Jahr 2018 mit den Worten begonnen: »Ich habe noch nie einen Eisvogel gesehen.« Die Sendung hatte kaum begonnen, da hagelte es schon Mails von freundlichen Menschen, die mir Hinweise geben wollten, wo Eisvögel in Westschweden ihre Brutplätze haben. Ich erfuhr, dass sie sich an Flüssen oder anderen Plätzen mit fließendem Wasser aufhalten, wenn es dort ein Steilufer gibt, das tief genug ist, damit sie in ihm ihr unterirdisches Nest bauen können.

Einen Tipp bekam ich, als ich im April 2019 zu Hause in unserem Gewächshaus lag und gerade begonnen hatte, mich von meiner Rückenoperation zu erholen. Ein Eisvogelpaar sollte dort zu finden sein, wo der Säveån, ein Fluss außerhalb von Göteborg, hinter einem alten Fabrikgelände eine Biegung macht. Der Säveån macht seinem Namen alle Ehre (*sävlig* bedeutet träge), er fließt langsam und meditativ. Auf seinem 300 Kilometer langen Weg durch Västergotland überwindet er lediglich eine Höhendifferenz von 155 Metern, ehe er in den Götaälv mündet.

Auf der Mitte der Brücke sah ich ihn plötzlich, den blauen Blitz, der durch die Luft über dem Wasser schoss.

Als ich mich wieder stark genug fühlte, nahm ich das Auto und fuhr an einem frühen Morgen an die angegebene Stelle. Ich parkte beim Fabrikgebäude, ging am Kraftwerk vorbei und über eine Brücke. Ich hatte mich darauf vorbereitet, lange auf meinem Klappstuhl zu sitzen, Kaffee zu trinken und zu warten. Vielleicht würde ich auch viele Male hierhin fahren müssen, bevor ich das Eisvogelpaar sehen durfte. Aber dann passierte es einfach: Als ich auf der Mitte der Brücke war, sah ich ihn plötzlich, den blauen Blitz, der durch die Luft über dem Wasser schoss. Den Vogel selbst konnte ich fast nicht erkennen, nur dieses Aufscheinen, von dem ich gelesen und gehört hatte, ohne es mir richtig vorstellen zu können. Der Blitz, der entsteht, wenn der Eisvogel eine schnelle Bewegung macht und dabei von der Sonne getroffen wird, »Feuer fängt« und für den Bruchteil einer Sekunde azurblau »brennt«.

Ich hatte den ersten Eisvogel meines Lebens gesehen. Und wie so oft hatte ich das, was ich mir so sehr gewünscht und wovon ich geträumt hatte, ganz in meiner Nähe gefunden. Zweifelsfrei. Wenn man einen Eisvogel gesehen hat, ist man sich ganz sicher, dass es einer war. Manche sagen, dass sie das erste Mal nie vergessen. Wo das war, wann es war und wie es war. Es brennt sich ins Gedächtnis ein. Seitdem war ich oft hinter diesem Fabrikgelände. Habe dort gesessen, manchmal allein, manchmal in Gesellschaft anderer Menschen, verzaubert von diesem kleinen exotischen Vogel, der aussieht, als gehörte er nicht richtig hierher.

Eugene Peterson war es, der mein Interesse an Eisvögeln geweckt hat. Seine einzige Predigtsammlung heißt *As Kingfishers Catch Fire*. Ein Schlüsselwort in Petersons Texten und Predigten ist das Wort *congruence*. Auch wir kennen den Fachbegriff »Kongruenz«, besser noch aber passen die Wörter »Stimmigkeit« oder »Übereinstimmung«. Übereinstimmung von Ziel und Sinn, zwischen dem, was wir tun, und dem, wie wir es tun; zwischen dem, was wir tun, und wofür wir es tun. Aber auch Übereinstimmung von Gottes Wort in der Bibel und unserer Umsetzung dieses Wortes in unserem Leben.

Der schöne Vogel schenkte Eugene das Bild für diese Übereinstimmung oder Stimmigkeit, eigentlich für sein gesamtes Lebenswerk. Und so verstehe ich, was er meint, wenn er immer wieder auf diesen Ausdruck zurückkommt: »Wie ein Eisvogel Feuer fängt«. Was man ist und was man tut, lässt sich nicht trennen.

In diesem Bild liegt eine Ruhe und eine tiefe Gelassenheit. Keine Selbstdarstellung. Kein Wettbewerb. Man tut nur das, wozu man bestimmt und ausgerüstet ist. Und während man damit beschäftigt ist und ohne dass man überhaupt darüber nachdenkt, reflektiert man das große Licht.

Diese Stimmigkeit hat etwas Einfaches und Selbstverständliches. Man begegnet ihr, wenn ein Kind ins Spiel versunken ist, wenn ein Sportler seine Sportart ausübt und ein Musiker sein Instrument zum Klingen bringt. Da ist nichts zwischen dem Kind und seinem Spiel, dem Sportler und seinem Sport, dem Musiker und seinem Instrument. Es geht nicht darum, »etwas zu erledigen« oder »etwas ans Laufen zu bekommen«, sondern darum, den eigenen Platz im richtigen Zusammenhang zu finden, aufmerksam zu sein und aufmerksam wahrzunehmen, was dort bereits geschieht.

Diese Stimmigkeit erwies sich bei Eugene Peterson auch in seinen letzten Lebenstagen. Irdisches und Himmlisches wurden zusammengeflochten, während er sich schwerelos zwischen Zeit und Ewigkeit zu bewegen schien. Er starb, wie er gelebt hatte. Der Eisvogel flog in das große Licht, das er sein ganzes Leben lang hatte reflektieren dürfen.

Ein solches Leben findet man nicht, indem man mit Siebenmeilenschritten losstiefelt oder eine rasante Wende hinlegt. Es geht eher darum, ausdauernd ein Leben lang kleine Schritte in dieselbe Richtung zu tun, immer in dem Wissen, dass jeder Schritt auch schon ein Ankommen ist. Dass man weitermacht mit dem, von dem man weiß, dass es richtig ist, auch wenn das Resultat bescheiden aussieht. Dass man dem Lebenszusammenhang treu bleibt, in den man sich gestellt sieht, und versucht, ihn so unbeirrt zu lieben, dass man daran still wachsen kann. Dass man vom Eisvogel lernt und Worte und Leben in Einklang bringt und stimmig werden lässt.

Ohne Eile.

Ohne Angst.

Ohne Zwang.

Anmerkungen

1 C. S. Lewis, Dienstanweisung für einen Unterteufel, aus dem Englischen übersetzt von Christian Rendel, Brendow Verlag, Moers 42006, aus Brief XXII, S. 112–113.

2 a. a. O., aus Brief IV, S. 23.

3 C. S. Lewis, Du fragst mich, wie ich bete: Briefe an Malcolm, aus dem Englischen übersetzt von Cornelia Capol, Johannes Verlag, Einsiedeln 31985, S. 10.

4 a. a. O., S. 11.

5 A. Milne, Puh der Bär Gesamtausgabe, aus dem Englischen übersetzt von Harry Rowohlt, Cäcilie Dressler Verlag, Hamburg 1989, S. 300.

Tomas Sjödin, Hanna Schott

Es gibt so viel, was man nicht muss
Von der Einfachheit des Lebens, des Glaubens und der Liebe

Wir leben im Überfluss. Diese Erfahrung macht auch Autor Tomas Sjödin aus Schweden. Er weiß aber auch um das, was uns belastet – Ansprüche, die wir oder andere uns auferlegen und die uns unter Druck setzen. Seine befreiende Botschaft: Der größte Reichtum liegt nicht im Haben, sondern im Loslassen.

Gebunden, 13,5 × 21,5 cm, 256 S.,
mit Lesebändchen, Nr. 226.854
ISBN 978-3-417-26854-6
Auch als E-Book

SCM
R.Brockhaus

Notizbuch

Gebunden, 14,8 × 21 cm, 192 S.,
mit Leseband und Gummiband
Nr. 629.845
ISBN 978-3-7893-9845-2

Tasse

9 × 9 cm, spülmaschinen-
geeignet, Füllmenge ca. 380 ml
Nr. 623.429

366 Gedanken für Ruhe und Stille

10 × 10 cm, Box
mit 366 Kärtchen
Nr. 623.445

SCM